EL SILENCIO EN LA COMUNICACIÓN MULTIMODAL EN ESPAÑOL

Beatriz Méndez Guerrero

El silencio en la comunicación multimodal en español

Granada, 2024

Colección indexada en la MLA International Bibliography desde 2005

EDITORIAL COMARES

INTERLINGUA
363

Directores de la colección:
Ana Belén Martínez López
Pedro San Ginés Aguilar

Comité Científico (Asesor):

Esperanza Alarcón Navío Universidad de Granada
Jesús Baigorri Jalón Universidad de Salamanca
Christian Balliu ISTI, Bruxelles
Lorenzo Blini LUSPIO, Roma
Anabel Borja Albí Universitat Jaume I de Castellón
Nicolás A. Campos Plaza Universidad de Murcia
Miguel Á. Candel-Mora Universitat Politècnica de València
Ángela Collados Aís Universidad de Granada
Miguel Duro Moreno Woolf University
Francisco J. García Marcos Universidad de Almería
Gloria Guerrero Ramos Universidad de Málaga
Catalina Jiménez Hurtado Universidad de Granada

Óscar Jiménez Serrano Universidad de Granada
Ángela Larrea Espinar Universidad de Córdoba
Helena Lozano Università di Trieste
Javier Martín Párraga Universidad de Córdoba
Antonio Raigón Rodríguez Universidad de Córdoba
Maria Joao Marçalo Universidade de Évora
Francisco Matte Bon LUSPIO, Roma
Chelo Vargas-Sierra Universidad de Alicante
Mercedes Vella Ramírez Universidad de Córdoba
África Vidal Claramonte Universidad de Salamanca
Gerd Wotjak Universidad de Leipzig

ENVÍO DE PROPUESTAS DE PUBLICACIÓN:

Las propuestas de publicación han de ser remitidas (en archivo adjunto, con formato PDF) a alguna de las siguientes direcciones electrónicas: anabelen.martinez@uco.es, psgines@ugr.es

Antes de aceptar una obra para su publicación en la colección INTERLINGUA, ésta habrá de ser sometida a una revisión anónima por pares. Para llevarla a cabo se contará, inicialmente, con los miembros del comité científico asesor. En casos justificados, se acudirá a otros especialistas de reconocido prestigio en la materia objeto de consideración.

Los autores conocerán el resultado de la evaluación previa en un plazo no superior a 60 días. Una vez aceptada la obra para su publicación en INTERLINGUA (o integradas las modificaciones que se hiciesen constar en el resultado de la evaluación), habrán de dirigirse a la Editorial Comares para iniciar el proceso de edición.

Colección fundada por: Emilio Ortega Arjonilla y Pedro San Ginés Aguilar

Imagen de cubierta: © Beatriz Mendez Guerrero

© Beatriz Méndez Guerrero

Editorial Comares, 2024
Polígono Juncaril • C/ Baza, parcela 208 • 18220 Albolote (Granada) • Tlf.: 958 465 382
http://www.comares.com • E-mail: libreriacomares@comares.com
https://www.facebook.com/Comares • htpps://twitter.com/comareseditor
https://www.instagram.com/editorialcomares

ISBN: 978-84-1369-641-6 • Depósito legal: Gr. 5/2024

Impresión y encuadernación: COMARES

A mis chicos: Ismael, Víctor y Martín

Sumario

Introducción

El silencio se ha definido como la ausencia de habla igual o superior a un segundo que se utiliza para comunicar. Esta consideración del silencio como signo comunicativo integrado en la interacción surge de un axioma metacomunicacional de la Escuela de Palo Alto según el cual es imposible que el lenguaje no comunique (Bateson, Jackson, Haley y Weakland 1956; Ellis y Beattie 1986; Girbau-Massana 2002; Méndez 2014a, 2016b, 2023). Desde esta perspectiva, el silencio forma parte del lenguaje porque aparece en el decurso fónico y aporta información pragmática, al igual que lo hacen otros signos, porque todos los elementos lingüísticos comunican: «actividad o inactividad, palabras o silencio tienen siempre valor de mensaje; o sea, influyen sobre los demás, quienes a su vez no pueden dejar de responder a tales comunicaciones y, por ende, también comunican» (Girbau-Massana 2002: 13).

El conocimiento que se tiene hoy del silencio en español es todavía fragmentario, ya que históricamente se ha considerado un elemento difícil de estudiar. El desarrollo de la pragmática de las últimas décadas, no obstante, ha contribuido a avanzar en su desarrollo. Ahora sabemos, entre otras cosas, que el silencio es un signo intencional, aunque a veces se produzca de manera inconsciente, y que tiene un carácter cultural, dinámico y plurifuncional (Méndez 2014a, 2023). Su estudio, como decimos, es complejo: por la diversidad de matices y funciones comunicativas de estos signos; por «la dificultad metodológica que entraña su investigación y la poca y heterogénea tradición que tiene su estudio» (Cestero 2006: 57); y por su naturaleza contextual y sociocultural, que impide generalizaciones y obliga a atender las identidades de los hablantes y los contextos de uso. La mayor parte de estos escollos, eso sí, se superan si se parte de la consideración de que el silencio es un signo pragmático y que como tal debe estudiarse.

En este libro, se plantea el estudio del silencio desde la perspectiva comunicativa y se apuesta por su análisis desde el marco de la multimodalidad. Se considera, pues, que el silencio comunica normalmente junto a otros signos verbales, como las palabras, y no verbales, como los gestos, movimientos o posturas, emisiones sonoras cuasiléxicas (interjecciones, exclamaciones, onomatopeyas…) y la risa. Como se verá, el verdadero sentido de la enunciación únicamente se encuentra en la combinación de los significados y funciones de todos los signos verbales y no verbales producidos por los hablantes. La verbalidad y la no verbalidad son, por ende, campos necesarios y dependientes, indisociables entre sí, que requieren de un análisis unitario.

Actualmente, se están dando pasos para alcanzar la consideración conjunta de todos los signos comunicativos que aparecen en la interacción. El creciente interés por la multimodalidad ha llevado a los lingüistas a interesarse, especialmente, por el uso de los signos no verbales en la conversación cotidiana que se realiza cara a cara. La razón fundamental por la que se analizan este tipo de interacciones es porque, en la vida diaria, es habitual que nos comuniquemos con los demás a través de la distancia personal, la postura, los gestos, el silencio, los elementos cuasiléxicos, la risa, la mirada o las expresiones faciales. Es más, muchas de nuestras referencias a la realidad, nuestros pensamientos, sentimientos y emociones se reflejan mediante estos signos. No es extraño, pues, negar o mostrar rechazo por algo mediante un gesto o un silencio, tampoco lo es indicar aburrimiento o hartazgo a través de un signo paralingüístico como *puff* o mostrar empatía mediante la risa.

Las inferencias que realizan los hablantes son posibles gracias a la consideración de todos estos signos y a su interpretación conjunta. Pero antes de llegar a ese punto es imprescindible conocer cómo funciona cada uno de estos elementos. Este es el principal objetivo del libro, situar el silencio en la comunicación y explicar su funcionamiento en español. Para hacerlo, se dedican nueve capítulos que van desde la integración del silencio en la comunicación multimodal hasta su consideración específica como signo lingüístico plurifuncional, cognitivo y sociocultural. Al final del libro, se mencionan algunos de los contextos profesionales vinculados a la lingüística en los que tiene influencia y se invita al lector a que se interese por su análisis y su investigación.

Con esta obra se pretende ordenar y ampliar el conocimiento que se tiene hasta la fecha sobre el silencio en la comunicación cara a cara en español. También se desea explicar su funcionamiento interactivo y sus principales funciones pragmáticas. La intención es, en definitiva, proponer explicaciones que faciliten su comprensión e inclusión en el análisis lingüístico, pues, solo incorporando el estudio del silencio en el análisis multimodal, junto al resto de los signos verbales y no verbales, se tendrá una visión real y completa de la comunicación.

Capítulo 1
La multimodalidad del lenguaje

La comunicación es un proceso multimodal en el que participan palabras, gestos, posturas, sonidos fisiológicos y emocionales, miradas y, también, silencios. Los modos o canales comunicativos son inherentes, complementarios y aportan dimensiones diferentes a la expresión de los mensajes. Pensemos, por ejemplo, en una conversación coloquial entre amigos en la que uno dice *¿qué pasa, tío?, últimamente no te vemos el pelo*, unido a una sonrisa y al gesto de palmear la espalda del aludido. La interpretación más plausible para el enunciado probablemente sea que se está preguntando al interpelado por su estado o situación personal y que existe un interés genuino por parte del emisor en conocer el estado del amigo al que, probablemente, hace tiempo que no ve. Teniendo en cuenta esta interpretación, a este enunciado podría responderse diciendo *pues nada, todo bien, con mucho lío*, añadido a una sonrisa y a una mirada cómplice.

Nótese que, en este caso, las implicaturas de los signos no verbales han sido cruciales para la interpretación del mensaje. Si el aludido no hubiera tenido en cuenta los gestos del amigo y se hubiera limitado a interpretar sus palabras, difícilmente habría inferido la intención real del mensaje. Este hecho se aprecia mejor si cambiamos los signos no verbales que acompañan al mensaje anterior. Supongamos, ahora, que el mismo enunciado (*¿qué pasa, tío?, últimamente no te vemos el pelo*), producido igualmente en un contexto informal entre amigos, aparece combinado con una entonación irónica o retintín, una mueca facial y un balanceo del cuerpo hacia los lados. Probablemente, aquí la interpretación que haga el hablante del mensaje sea distinta y esté más cercana a la petición de cuentas o a un posible reproche.

Si examinamos con detalle las situaciones comunicativas anteriores, nos percatamos de que la información verbal es la misma en ambos casos, y también son iguales el contexto situacional y sociocultural. La variación está, pues, en los signos paralingüísticos y quinésicos que se combinan con la verbalidad en el acto comunicativo. A la luz de los casos expuestos, parece que la explicación más plausible es que los hablantes hacen una interpretación multimodal de los enunciados. Es decir, infieren todos los modos lingüísticos asociados a un mensaje para establecer su significado. Esto ocurre así porque los distintos canales comunicativos, verbales y no verbales, son concomitantes en la creación del significado pragmático de los enunciados y colaboran entre sí reforzando o incorporando funciones comunicativas a la enunciación.

La consideración conjunta que hacen los hablantes de los elementos verbales y no verbales en la interacción parece, pues, un hecho constatable. Resulta difícil pensar que un individuo neurotípico ignore los modos no verbales de los mensajes y calibre únicamente las palabras. Los signos no verbales, en realidad, desempeñan un papel fundamental en la comunicación humana puesto que, con frecuencia, combinan su significado con el de las palabras. Es más, en la comunicación presencial, el canal no verbal siempre está activo, por lo que resulta imposible no trasmitir información con el cuerpo, con las cualidades fónicas de la voz, con la entonación, con el silencio o con cualquier otro signo no verbal producido durante la interacción. Los signos no verbales sirven en estos casos para trasmitir informaciones, dar expresividad al mensaje y ayudar a la comprensión de los enunciados.

Ahora bien, a pesar de su caudal comunicativo, los signos no verbales pueden resultar menos perceptibles para los hablantes, tanto para quienes los producen como para quienes los reciben. Se han buscado explicaciones para este fenómeno en muchos de los planteamientos lingüísticos teóricos como, por ejemplo, en la *Teoría de la relevancia*, propuesta por Sperber y Wilson (1986). Según esta teoría, la atención de los hablantes es selectiva y resulta imposible tener consciencia de toda la información que trasmiten los individuos durante la interacción. Sin embargo, que no seamos conscientes de toda la información trasmitida no implica que no nos sirvamos de ella durante el proceso ostensivo-inferencial, tanto para la producción como para interpretación de los mensajes.

Como se verá en el capítulo 2, la principal conclusión a la que se ha llegado desde la *Teoría de la relevancia* en relación con los signos no verbales es que estos son más indirectos e inconscientes que los verbales, pero no por ello menos relevantes. Es más, según este planteamiento, algunas ideas son difíciles de expresar únicamente con palabras por las dimensiones conceptuales, psicológicas y emocionales que entrañan. Sin embargo, en estos casos, un gesto o un elemento cuasiléxico puede expresar esa función mucho más fácilmente. En los momentos en los que los hablantes recurren a estos usos no verbales, en combinación o no con otros signos verbales, están haciendo un uso mucho más «eficiente» del lenguaje que facilita la comprensión del mensaje, en resumidas cuentas, están siendo más relevantes (§III. La relevancia del silencio en la comunicación).

La capacidad de significación de los elementos no verbales no es, por tanto, subsidiaria de las palabras, sino que se encuentra al mismo nivel que la verbalidad. Prueba de ello es que no es necesario recurrir siempre a los signos verbales para comunicarse. Como es sabido, en algunos momentos, los hablantes prescinden de las palabras para hacer llegar sus mensajes y se limitan a utilizar los canales no verbales durante la interacción. Ello demuestra que los signos no verbales también trasmiten informaciones, emociones y significados por sí solos. Además, pueden utilizarse como un sistema lingüístico autónomo. Su actuación podrá presentar diferencias dependiendo de si aparecen en concomitancia con la palabra o actúan de forma independiente. Lo que está claro es que, tanto si se producen junto a las palabras como separados de ellas, los hablantes tratarán de interpretarlos y establecerán una simbiosis entre ellos en la enunciación.

I. EL ESTUDIO DE LA MULTIMODALIDAD

La estrecha relación que guardan los signos verbales y no verbales en la comunicación ha sido oportunamente destacada en numerosas investigaciones. Smith (1953) y Crystal y Quirk (1964) ya se refirieron al lenguaje, la quinésica y las vocalizaciones como los elementos mínimos de la comunicación humana. Ekman y Frieser (1969), por su parte, explicaron que las palabras y los gestos interactúan entre sí en la comunicación y significan de forma conjunta. A partir de estas consideraciones, se acuñó el concepto de *triple estructura básica de la comunicación humana* (Poyatos 1994) que alude a la existencia de tres componentes básicos e inseparables en la comunicación: el lenguaje, el paralenguaje y la quinésica, que en la lengua hablada conforman un continuo de sonidos, silencios, movimientos y posiciones estáticas. De acuerdo con este planteamiento, la falta de consideración de alguno de estos signos lleva a un enfoque parcial e insuficiente de la comunicación que impide su correcta interpretación.

Los trabajos más recientes han aportado evidencias de que existen, además, conexiones entre las recreaciones que hacemos en nuestra mente mientras nos comunicamos, también llamadas *simulaciones mentales*, y los gestos que producimos y recibimos durante la enunciación (Marghetis y Bergen 2014). Este hecho se debe, principalmente, a que los signos no verbales, como, por ejemplo, los gestos representacionales, ayudan a los emisores a organizar la información espacio-motora y a los oyentes a reproducir por su cuenta la información gesticulada (Kita 2000; Cook y Tanenhaus 2009). Ibarretxe y Valenzuela (2021: 242), por su parte, distinguen, también para los gestos, entre *funciones internas o del emisor* y *funciones interaccionales o del destinatario*. Las primeras se refieren a aquellas en las que el gesto ayuda a los procesos internos cognitivos, esto es, «a la planificación conceptual, a reducir la carga cognitiva y a facilitar el acceso léxico». Por otra parte, el segundo tipo de funciones de estos signos no verbales tiene que ver con su capacidad para realizar funciones pragmáticas.

Tanto en términos de los procesos cognitivos subyacentes a su expresión (McNeill y Duncan 2000), como en términos de su papel en la comunicación (Enfield 2004, 2009; Kendon 2004; Streeck 2009), el habla y el gesto se consideran, pues, fuertemente entrelazados y nunca mecanismos independientes en contexto de co-habla. En palabras de Kendon (2004: 127), «al crear una expresión que utiliza ambos modos de expresión, el hablante crea un conjunto en el que el gesto y el habla se emplean juntos como socios en una sola empresa retórica». En esos casos, los signos no verbales se integran en la comunicación realizando funciones pragmáticas, que pueden coincidir o no con las que realizan las palabras, y que en algunos momentos matizan o refuerzan la información presentada verbalmente y, en otros, presentan información adicional (Poyatos 2018; Cestero 2020). Por consiguiente, la expresión gestual no debe tratarse como un mero apéndice del canal verbal, sino como una parte integral de la estructura lingüística del mensaje con entidad propia.

Diversos estudios sugieren, incluso, que en el caso de algunos tipos de gestos existen combinaciones fijas habla-gesto que forman unidades expresivas (Sandoval 2014; Schoonjans 2014). Ahora bien, para que el signo verbal y el no verbal se interpreten como correferenciales o co-ascriptivos deben producirse en estrecha proximidad temporal (Habets *et al.* 2011; McNeill 1992). Es más, lo más habitual, según MCNeill (1992), es que los gestos se produzcan típicamente justo antes del elemento del habla con el que están más estrechamente relacionados. Los modos verbal y no verbal pueden, igualmente, combinarse de manera secuencial (Enfield 2009). En estos casos, los gestos sustituyen a los elementos verbales y asumen la función comunicativa.

De acuerdo con la *Gramática funcional del discurso*, existen tres principios clave que explican la relación entre los canales verbales y no verbales en la interacción. En primer lugar, es importante asumir que el habla y los signos no verbales son componentes de un mismo proceso comunicativo. Además, ha de considerarse que son mutuamente interactivos durante la formulación y la codificación del mensaje. Y, por último, debe entenderse que estos recursos comunicativos verbales y no verbales implican operaciones cognitivas diferentes y parcialmente independientes (Dik 1989). Por consiguiente, partiendo de esta idea, puede considerarse que los signos verbales y no verbales forman parte de la interacción, se influyen correlativamente y están envueltos en procesos cognitivos para su producción e interpretación que coinciden parcialmente.

II. ELEMENTOS NO VERBALES DE LA COMUNICACIÓN MULTIMODAL

La comunicación es multimodal y, por consiguiente, intervienen en ella diferentes modos lingüísticos que dan sentido a los enunciados. La quinésica es uno de los modos no verbales más perceptibles. Engloba los gestos faciales y corporales, los movimientos y las posturas que participan en la comunicación. Se incluyen asimismo en esta categoría la mirada, la sonrisa y el contacto corporal (Cestero 2020). El paralenguaje, por su parte, también se considera un conjunto de signos primarios en la comunicación humana multimodal. Está formado por las cualidades y modificadores de la voz como el tono y entonación, la velocidad, el volumen, la duración y los tipos de voces (susurrada, chillona, apagada, enérgica, etc.); los sonidos resultantes de reacciones fisiológicas o emocionales como la risa, el llanto, el suspiro o el carraspeo; los alternantes o elementos cuasiléxicos del tipo *¡buf!, ¡puaj!, ¡ay!, eeeh, mm, ajá, ts, puff, ains, shh,* etc.; y las pausas y silencios que regulan el discurso y aportan información pragmática a la enunciación.

Adicionalmente, se han establecido al menos otros dos sistemas de signos secundarios o culturales de tipo no verbal que añaden información a los enunciados: el sistema proxémico y el sistema cronémico. El primero de ellos tiene que ver con el uso que se hace del espacio en la comunicación. Hall (1959) reconoce cuatro tipos de distancias diferentes en la comunicación: la *distancia íntima* (0-50 cm), propia de los actos comunicativos más cercanos o estrechos; la *distancia personal* (50-120 cm) para las conversaciones cotidianas; la *distancia social* (120-270 cm), típica de los actos sociales como entrevistas profesionales; y la *distancia pública* (más de 270 cm), habitual en los discursos y conferencias. A pesar de que el uso que se hace de ellas es diferente en cada cultura, resulta innegable que utilizamos distancias diferentes en cada contexto comunicativo y que su uso (in)adecuado incide en la comunicación.

El sistema de signos cronémicos, por su parte, se refiere al uso que se hace del tiempo o, dicho de otro modo, al tiempo que tardamos en hacer cosas con palabras, gestos o cualquier otro signo pragmático. A cada elemento comunicativo, se le presupone un tiempo de ejecución en una cultura o contexto. Un uso distinto del tiempo al esperado de dichos elementos puede incidir en su función comunicativa y en la interpretación que se hace de ellos. Pongamos otro ejemplo: no se interpreta igual, ni probablemente se realiza con la misma intención, un abrazo fugaz entre amigos que un abrazo que se prolonga durante varios segundos. El primer acto comunicativo quizás tenga, únicamente, la función de saludar o despedirse. En cambio, el abrazo prolongado conduce adicionalmente, como mínimo, a otra inferencia. No se trata del saludo protocolario entre allegados típico en español, en este caso, puede implicar también, según el caso, añoranza, querencia, alegría tras un recuentro, etc.

A pesar del evidente valor comunicativo que tienen estos signos no verbales, en la práctica, existen algunas dificultades para explicar su funcionamiento en la interacción. El primer desafío tiene que ver con el carácter asistemático que parecen presentar algunos signos no verbales en cuanto a su función o uso. Esta circunstancia se observa, sobre todo, en los signos no verbales en situación de co-habla. Se ha dicho, por ejemplo, que los gestos co-verbales difieren enormemente unos de otros en su grado de estabilidad entre forma y función. Mientras que los gestos emblemáticos para asentir, negar o señalar son sistemáticos de manera similar a como lo son los lexemas, otro tipo de expresiones no verbales están mucho menos cristalizados y exhiben un alto nivel de flexibilidad entre su forma y su función. Lo anterior conlleva que estos signos más ambiguos solo puedan establecer características en común con otros signos verbales y no verbales en niveles de análisis muy abstractos (Cienki 2005; Wilcox 2004; Kok *et al.* 2016).

Volviendo al marco de la *Gramática funcional del discurso*, se ha considerado que la explicación funcional de los fenómenos gramaticales normalmente no se basa en una suposición de correlaciones simples forma-función, sino que implica una red de requisitos y restricciones que interactúan (Dik 1989). Cada signo, de acuerdo con este enfoque, puede entenderse en términos funcionales en sí mismo, pero interactúa con el resto de los elementos del enunciado de manera compleja y, en cierto sentido, compite con ellos por el reconocimiento y la expresión en el diseño final de los enunciados lingüísticos. Por esa razón, la forma superficial de un enunciado no es completamente predecible sobre la base de las funciones que codifica. Los elementos verbales y no verbales que cumplen la función que se desea comunicar rivalizan entre sí. La elección de unos en detrimento de otros estará motivada por los requisitos y restricciones lingüísticos y por los condicionantes extralingüísticos, contextuales y socioculturales que se impongan en cada caso.

Las funciones comunicativas que representan los signos no verbales pueden entenderse, en esta línea, como el resultado natural de la conjunción entre las restricciones y las convenciones lingüísticas y contextuales. Para trazar la organización funcional de los signos no verbales en relación con estas restricciones y convenciones, se necesita una mejor comprensión del nivel de descripción de la forma no verbal que sea apropiado para identificar las relaciones forma-función o forma-funciones, según el caso.

Uno de los retos que presenta el estudio de la multimodalidad del lenguaje es, precisamente, explicar la plurifuncionalidad que caracteriza a los signos no verbales. Si bien es cierto que las palabras también tienen varias funciones o significados potenciales, en el caso de los signos no verbales la cantidad de funciones pragmáticas que puede realizar un solo signo no verbal es muy alta y el contexto, en algunos casos, no basta para identificar la función o funciones seleccionadas por los hablantes en ese momento. Esto se debe, por una parte, a que la mayoría de los signos no verbales naturales se utilizan, como decimos, para distintos fines e, incluso, pueden cumplir varias funciones pragmáticas al mismo tiempo y, por otra, porque muchas de estas funciones añaden al valor principal una dimensión actitudinal, psicológica y emocional que dan cuenta del estado interior del hablante (Müller 2013; Méndez 2014a).

De acuerdo con lo visto hasta el momento, en la interacción cara a cara, los individuos se expresan, pues, a través de varios canales comunicativos, verbales y no verbales, que están relacionados entre sí. El canal no verbal está siempre activo y comunica en todos los casos, ya sea de forma independiente o en conjunción con las palabras. Los signos verbales, por su parte, aparecen muy frecuentemente en la interacción en español, pero no lo hacen siempre. Teniendo en cuenta esta consideración, se puede entender que la estructura de la comunicación multimodal se organiza de forma similar a la que aparece en la figura:

Estructura de la comunicación multimodal	
VERBALIDAD + NO VERBALIDAD	NO VERBALIDAD
Recursos verbales + paralenguaje-quinésica-proxémica-cronémica-otros sistemas no verbales	Paralenguaje-quinésica-proxémica-cronémica-otros sistemas no verbales

Figura 1. Incidencia de los signos lingüísticos en la comunicación presencial

Así, es posible encontrar en la comunicación presencial situaciones en las que el habla se combina con los signos no verbales de cualquier tipo para comunicar en conjunto; y momentos en los que el canal verbal está cerrado y los hablantes únicamente se expresan a través de los signos no verbales. Un ejemplo del primer caso sería cuando respondemos *está allí* y señalamos con el dedo índice o levantando el mentón a la pregunta *¿dónde está Víctor?* Esa misma función comunicativa, como se sabe, podría expresarse también exclusivamente mediante signos no verbales como gestos, sonidos o un silencio.

III. EL *CONTINUUM* COMUNICATIVO VERBAL Y NO VERBAL

Desde la lingüística cognitiva, se ha apuntado que las categorías lingüísticas verbales y no verbales tienen un carácter continuo y no discreto a partir del cual se pueden trazar líneas de unión entre ellas (Rosh 1983; Cifuentes 1992; Moure 1994). Esta afirmación permite pensar que los signos verbales y no verbales forman una suerte de *continuum* comunicativo, en el que cada signo cuenta con una serie de funciones comunicativas posibles que se ponen de manifiesto en la interacción. Siguiendo lo visto hasta ahora, los signos lingüísticos que cumplan una función competirán entre sí para ser seleccionados por los hablantes en función del contexto y los requisitos y restricciones comunicativos de cada situación.

Según esta perspectiva, las palabras, los gestos y los silencios, entre otros, no solo aparecen de forma conjunta en la comunicación, sino que son elementos elegibles entre todos los que representan la función y, a veces, intercambiables una vez sopesados los matices que aporta cada uno de ellos. Pongamos un ejemplo para ilustrarlo mejor: en español, para realizar el acto de afirmar existen diferentes opciones lingüísticas. Por una parte, es posible utilizar el adverbio de afirmación *sí*; también se puede recurrir al signo paralingüístico *uhum* o el gesto emblemático de mover la cabeza de arriba abajo; e, igualmente, existe la posibilidad de usar un silencio para realizar esta función como atestigua la expresión *quien calla otorga*. La decisión de utilizar un recurso u otro se tomará en función de la adecuación del signo al contexto, de su capacidad para expresar todo lo que el hablante desea comunicar, de la identidad y el estilo comunicativo del hablante y de la reafirmación o transgresión que se quiera hacer de ellos.

En resumidas cuentas, los signos comunicativos son seleccionados por los hablantes para expresar ciertos significados pragmáticos en función de su pertinencia o relevancia comunicativa. Esta pertinencia puede representarse también en forma de *continuum*, como estamos viendo que ocurre con los signos comunicativos. Los extremos del *continuum* mostrarán los usos menos pertinentes para una función en un contexto concreto, como se observa en la Figura 2. Los recursos lingüísticos, siguiendo con esta idea, no han de verse aquí como insertos en categorías estancas e independientes, sino como elementos continuos dentro del lenguaje al servicio de las distintas funciones comunicativas (Langacker 2008; Camargo y Méndez 2014a, 2014b; Méndez 2014a, 2023).

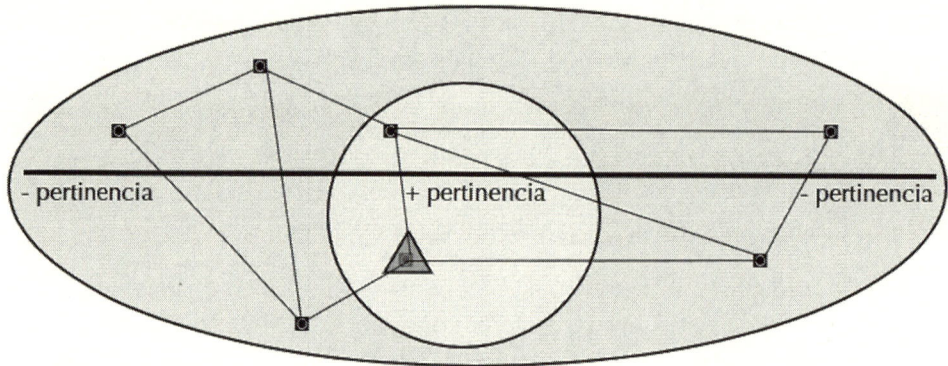

Figura 2. El continuum de signos comunicativos

En la ilustración, se observa una función comunicativa cualquiera representada en forma de óvalo gris. Dicha función, en un primer nivel, dispone de diferentes signos comunicativos verbales y no verbales para ser representada (cuadrados en la figura). Estos signos constituyen una red de opciones lingüísticas finitas que están en competencia (Martinec 2004; Muntigl 2004; Kok *et al.* 2016). La forma lingüística que eventualmente acabe expresando la función comunicativa en un contexto determinado, también llamada *contribución funcional en curso* (Dik 1989; Halliday 1985; Hengeveld y Mackenzie 2008; Van Valin 1993), estará sometida, en un segundo nivel, a los principios de relevancia y optimización (línea horizontal) y a los requisitos y restricciones lingüísticas y sociales que imponga el contexto (círculo). El hablante seleccionará, en una tercera fase, aquella o aquellas formas, entre todas las adecuadas a la situación, que se ajuste/n o transgreda/n, según la intención, su estilo conversacional o idiolecto propio y/o el de su interlocutor (triángulo en la figura). El esquema anterior, así pues, da cuenta del carácter equiparable que tienen los signos verbales y no verbales en el discurso. Y también de las distintas fases por las que pasa un hablante durante la elección de los signos comunicativos en la interacción.

IV. Funciones de los signos no verbales

Los signos no verbales son elementos plurifuncionales como ya se ha visto. Cienki y sus colaboradores, al estudiar los gestos, han medido el potencial funcional de estos signos y han determinado que las funciones de los gestos involucran al menos tres componentes o dimensiones del significado: el *referencial* que permite representar realidades; el *espacial*, relacionado con el movimiento; y el *metacognitivo*, aquel que señala los procesos mentales del emisor durante la producción de sus mensajes (Cienki 2005, 2019; Kok *et al*. 2016). A estas funciones añadimos aquí la *función expresiva* que, como se ha visto, es habitual en los signos no verbales.

Como explican los autores, algunas de estas funciones pueden estar presentes simultáneamente en un solo gesto, pero con diferentes grados de prominencia. De este modo se comprende mejor el comportamiento plurifuncional que tienen muchos de los signos no verbales. Estos grados de prominencia permiten hablar de distintas capas de funcionalidad que ponen, en un primer plano, ciertas funciones más evidentes o fuertes y en un segundo plano otras más débiles que, incluso, pueden llegar a no ser interpretadas por todos los hablantes. Por ejemplo, ante un enunciado del tipo *recoge los juguetes, Martín,* el silencio puede utilizarse como un acto de negación y, al mismo tiempo pero en un segundo nivel, como un acto de resistencia. Así, por una parte, el silente nos dice que no va a recoger los juguetes y por otro lado que no quiere hacerlo y nos desafía con su actuación.

Al utilizar los signos comunicativos, los hablantes examinan y seleccionan aquellos que les permiten expresar de forma relevante todos los matices de significado que desean comunicar. El destinatario del mensaje, por su parte, calibra las distintas funciones que cumple el signo en ese contexto y que han sido expresadas en diferentes capas o grados de explicitud/prominencia. Lo más probable es que el interlocutor interprete mejor las funciones prominentes. También puede ocurrir que no perciba aquellas menos explícitas. Y, asimismo, es posible que el emisor del mensaje no haya medido suficientemente las implicaturas que tiene el signo en ese contexto y lo utilice igualmente, cuestión que podría llevar a que se produzca un malentendido en la comunicación y la imagen social (*face*) de los hablantes se vea afectada.

Estas funciones comunicativas que realizan varios signos comunicativos, verbales y no verbales, al mismo tiempo permite establecer *aires de familia* entre los signos lingüísticos que tienen valores similares. Este parentesco entre signos pone de manifiesto la existencia del *continuum* comunicativo de signos verbales y no verbales explicado en el apartado anterior. Estos recursos comunicativos estarían, por tanto, muy cerca los unos de los otros; y se organizarían en torno a las necesidades o a las intenciones pragmáticas de los individuos. Los hablantes, como se ha visto, una vez que tienen clara la intención pragmática de su mensaje, seleccionan el mecanismo pragmático del mencionado *continuum* que, por su pertinencia lingüística y por la identidad social y/o grupal de los interlocutores, mejor o más claramente se ajusta a la intención comunicativa que tienen en ese momento.

De acuerdo con varios estudios, existen diferentes grados de sistematicidad en los signos no verbales presentes en la interacción. Este hecho se ha explicado a partir de la gestualidad de las lenguas. Concretamente, se ha considerado que, al igual que las palabras, los gestos emblemáticos presentan un grado bastante alto de sistematicidad en la relación entre su forma y su función, incluso a pesar de ser signos profundamente creativos y adaptados al contexto (Kendon 2004; Cienki 2005; Kok *et al.* 2016). Otros tipos de gestos, en cambio, tienen una forma más flexible, con pequeñas variaciones, y un significado que depende en parte del discurso que los acompaña. En la Figura 3, puede verse la relación de sistematicidad asignada a los distintos tipos de gestos por estos autores:

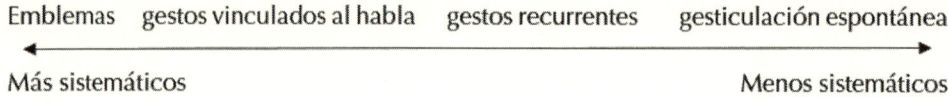

Figura 3. Esquema sobre la sistematicidad de los gestos, basado en la hipótesis de Kendon (2004) y Cienki (2005)

De acuerdo con este esquema, los signos quinésicos menos sistemáticos en forma y función son aquellos que proceden de la gesticulación espontánea. A estos le siguen los signos recurrentes que son comunes a un grupo de hablantes, pero pueden variar en las producciones de otros grupos. En tercer lugar, estarían los gestos vinculados a la verbalidad a los que se considera más sistemáticos que lo anteriores porque puede establecerse entre estos y las palabras patrones de actuación conjunta y, en algunos casos, combinaciones semifijas habla-gesto que forman una sola unidad expresiva (Sandoval 2014; Schoonjans 2014). Un ejemplo de este tipo sería la expresión conjunta de la estructura de *principio a fin* en inglés y un gesto manual (Pagán *et al.* 2020). Por último, entre los más sistemáticos, se situarían los emblemas por su univocidad en muchos contextos.

Un esquema similar a este podría aplicarse a otros signos no verbales como, por ejemplo, el silencio. Cuando las ausencias de habla sustituyen a las palabras, como en el caso de las afirmaciones, resistencias y precauciones, la relación entre el silencio y la función es más sistemática y también más perceptible. En cambio, en los momentos en los que estos signos aparecen en concomitancia con otros signos comunicativos con los que rivalizan en algunos casos o también cuando se utilizan de una manera más espontánea e inconsciente pueden considerarse menos sistemáticos.

Capítulo 2
Fundamentos teóricos del estudio lingüístico del silencio

El silencio es un recurso lingüístico natural presente en la interacción. Como se ha visto, cuando aparece en el decurso fónico tiene, al menos, una función comunicativa en la cadena hablada al igual que ocurre con los otros signos del lenguaje (Firth 1957 *apud* Conde y Macías 1978: 58). Las funciones y valores asignados a los silencios son muchos y variados. Todos ellos presentan una alta carga cultural, de modo que no es posible analizar sus usos sin adscribirlos a una cultura determinada. Para Poyatos (1994), son elementos inevitables en la comunicación, cuyo significado pragmático puede inferirse en virtud de su posición y su relación con los demás signos verbales y no verbales. La combinación del silencio con otros signos es tan variable como la que se produce en la verbalidad.

En términos pragmalingüísticos, el *silencio*

> constituye un tipo de acto de habla no vocálico, lo que no lo despoja de su estatus ilocucionario, así como el gesto de levantar el mentón puede constituir un saludo, y el de mover el brazo de un lado a otro el de despedirse. Como estos, el silencio puede constituir un acto de habla sin contenido proposional, defectivo (Vallejo 2011: 53).

Algunos autores han visto en este signo paralingüístico la unidad pragmática por excelencia, en tanto que su percepción e interpretación depende esencialmente de la perspectiva acústica o pragmática (Sobkowiak 1997; Mateu 2001). En algunos casos, de acuerdo con Ephratt (2008), el silencio constituye un acto de habla como tal, pues obedece a una decisión del hablante que elige el acto silencioso frente a otras opciones verbales y no verbales. Es a lo que el autor denomina *silencio elocuente*.

Todavía existe una gran controversia a la hora de estudiar los silencios en el plano comunicativo. Son numerosos los investigadores que ven en este signo un elemento que puede significar prácticamente cualquier cosa que pueda decirse verbalmente (Knapp 1980). Otros autores se preguntan si el silencio es la «antítesis» de la comunicación o simplemente otra vía de comunicación humana (Jaworski 1993). La opinión más respaldada en la actualidad es que la ausencia de palabra es igual de importante que la verbalidad (Bruneau 1973) y que ha de considerarse un signo paralingüístico cargado de información en cada situación comunicativa (Antúnez 2006). Su interpretación está sujeta al contexto y al cotexto, como ocurre con el resto de los elementos comunicativos, pero en el caso del silencio será especialmente necesario prestar atención a los signos verbales y no verbales que lo acompañan para lograr interpretarlo (Harumi 1999; Méndez 2013b, 2014a).

Antes de continuar explicando las propiedades del silencio, es importante dejar clara la diferencia que existe entre el silencio comunicativo y el *mutismo* o la *quietud* ambiental (Jaworski 1993; Poyatos 1994; Kurzon 1997). Desde la lingüística, solo se consideran comunicativos los silencios que se producen en el marco de la interacción. Por consiguiente, el silencio ambiental que se produce en una sala de espera, en la cola del supermercado o en un hospital no tendrá, como tal, valor de mensaje. Una muestra de ello es que los hablantes no inician un proceso ostensivo-inferencial para interpretar estos silencios ambientales y ni tratan de descubrir qué se está queriendo decir con ellos, simplemente los asumen como fruto de una convención situacional o sociocultural.

Igual de importante resulta aclarar en este punto el estatus de *signo lingüístico* que se le ha asignado al silencio. Este elemento, como se ha visto, se describe como un signo con entidad propia y significado en la interacción (Ramírez 1992; Méndez 2011, 2013a, 2023). Ciertamente, el significado pragmático del silencio puede ser difuso si no se interpreta en contexto. Sin embargo, interpretado durante la interacción, conduce, inevitablemente, al menos a un significado en cada situación comunicativa (Saville-Troike 1985; Jaworski 1993; Nakane 2007). Al igual que ocurre con otros signos, su significante (que es la ausencia de palabra) y su significado (que puede ser la prudencia, reflexión, resistencia…) están relacionados entre sí, aunque de forma más intuitiva. Además, el silencio evoca, necesariamente, una cosa o realidad (es decir, un referente) también vinculado al significado y, muchas veces, coincidente con él.

En otras palabras, el mensaje silencioso de un hablante, formulado a través de un significante no verbal que casi siempre será intercambiable por otros signos comunicativos, conducirá al interlocutor a la inferencia y a la extracción de, como mínimo, un significado. El significante, en forma de ausencia de sonido, además «expresará la intención del hablante» (Kurzon 1997: 11). Por consiguiente, no hay duda de que el silencio es un signo lingüístico, pero que está en los límites del significado (Vainiomäki 2004). Todo lo anterior ha llevado a los lingüistas a considerar que los silencios son signos comunicativos de pleno derecho.

Para Poyatos (1994: 172-174), los signos silenciosos presentan varias posibilidades en la interacción. En primer lugar, pueden comportarse como *signos propiamente dichos*, entendiendo las ausencias de habla como «el verdadero mensaje» sin referencia a nada más, es decir, «como elementos segmentales […] con derecho propio». En estos casos, el silencio sería directamente el mensaje, pues tendría significado por sí mismo sin necesidad de ningún otro elemento. También pueden actuar como *signos cero*, esto es, «por la falta de sonido o movimiento cuando esas actividades serían de esperar». Es decir, la no-actividad en contextos inesperados otorga un significado al silencio. Y, por último, como *portadores de la actividad precedente*. El silencio tiene la capacidad de actuar en esos momentos como un reforzador o intensificador del mensaje inmediatamente anterior.

Kurzon (1997: 11) define el silencio como un *signo interactivo* y, coincidiendo parcialmente con Poyatos, apunta dos tipos diferentes de realización: (1) como *signo con significante cero* (*zero signifier sign*) que se opone a la palabra y que se alterna con ella en la interacción (habla-silencio-habla); o (2) como *signo que concurre con otros signos no verbales* (*co-occur with other non-verbal means of communication*) como los gestos o los alternantes con los que comunica en conjunto. El silencio es, pues, un signo invariable en el sentido de que es la no-actividad desde un punto de vista fónico que no varía en sí misma, aunque sí lo haga en su duración. Su naturaleza es negativa (ausencia de palabra/sonido), pero solo desde el punto de vista físico y nunca desde el punto de vista semiótico, ya que las ausencias de habla significan de la misma manera que lo hacen otros signos (Rivas 2009).

I. PROPIEDADES PRAGMÁTICAS DEL SILENCIO

El propósito fundamental de la comunicación humana es «alcanzar objetivos con otras personas: hablamos [y callamos] con una determinada intención» (Escandell 2006: 36). Por consiguiente, todo acto comunicativo implica necesariamente una intención que será manifiesta y de interés, al menos en principio, para el oyente. Esta es una propiedad pragmática que debe asignarse a cualquier signo comunicativo incluido el silencio. Ahora bien, el papel del oyente cuando interprete un silencio será especialmente activo, ya que su misión consiste en recuperar un pensamiento del hablante. Esta cuestión le llevará necesariamente a servirse de otros signos verbales y no verbales que precedan, acompañen o sigan al silencio, así como de todo el material extralingüístico presente en la interacción. Si el oyente, no es capaz de reconocer la intención comunicativa del silencio, el mensaje producido no encontrará eco (Pons Bordería 2004).

En el modelo de Grice, la comunicación genera en el destinatario expectativas del tipo: *el mensaje que se va a trasmitir es intencional y relevante*. Tal y como explica Reyes (2002: 35), «interpretar lo que otro dice es reconocerle una intención comunicativa, y esto es mucho más que reconocer el significado de sus palabras». La *lógica de la conversación* permite pasar del significado de las palabras al significado de los hablantes. En consecuencia, el mensaje comunicativo no puede entenderse sin la noción de intención comunicativa, pues es a partir de ella cuando cobra sentido.

Dicho de otro modo, es a partir de la interpretación de los actos comunicativos que se le supone a los hablantes cuando se puede ver su verdadera naturaleza pragmática, ya que es en ese momento cuando se descubre la intención comunicativa que encierran. Grice llama *significado no natural* (*meaning-nn*) a esta intención comunicativa destinada a ser reconocida por el que la recibe. Los hablantes, para expresar sus propósitos, eligen entre los recursos verbales y no verbales que la lengua pone a su disposición. El hecho de no verbalizar el mensaje no implica que este no se produzca o que esa ausencia de palabras no tenga una intención. El silencio es, por tanto, fruto de una elección intencional entre todas las posibles. Como individuos, podemos elegir hablar o callar, y también podemos acompañar nuestras palabras con silencios o gestos para matizar, intensificar o, incluso, modificar y contradecir el significado del enunciado (Cestero 2020).

La *Teoría de la mente* juega un papel destacado en estas elecciones. De los seres humanos se ha dicho que tienen la capacidad de atribuir estados mentales (creencias, deseos e intenciones) tanto a uno mismo como a los demás. A esta capacidad se la denomina *Teoría de la mente*. Al simular mentalmente el pensamiento ajeno, nos ponemos en el lugar de otra persona, lo cual permite calibrar cómo esa persona percibe y comprende los mensajes. Esto afecta, sin duda, a las elecciones lingüísticas verbales y no verbales que hacemos al comunicarnos, pues el objetivo es ajustar el lenguaje para que resulte más comprensible y relevante para nuestro interlocutor (Scholl y Leslie 1999).

Este hecho afectará al *significado del hablante,* descrito por Grice, y a la posible elección del silencio en la interacción, puesto que la intención comunicativa o mensaje que un hablante pretende trasmitir a través de su enunciado se verá afectado por esa capacidad que atribuimos a nuestros interlocutores de interpretar los mensajes cuando se formulan de una determinada manera. Si pensamos que nuestro interlocutor no va a saber interpretar nuestro silencio es posible que no lo usemos (o tal vez sí en caso de que esa sea nuestra intención). Esta circunstancia guarda relación igualmente con la capacidad metarrepresentacional que tienen los individuos, es decir, con esa capacidad de representar «a partir de las palabras de nuestro interlocutor la posible representación que tienen las cosas» (Portolés 2007: 62).

El silencio presenta, además, una oscilación en el *grado de consciencia* comunicativa. Como otras actuaciones pragmáticas, el silencio puede producirse de una forma muy consciente o poco consciente según la ocasión. La *consciencia*, entendida como la acción de darse cuenta de los fenómenos comunicativos y mentales propios y ajenos, se ha estudiado desde la *metapragmática* (Searle 2001; Reyes 2002). La competencia lingüística de los nativos de una lengua los dota de la capacidad para manejar los signos lingüísticos verbales y no verbales, así como para conocer los significados, valores y creencias que trasmiten al utilizarlos, pero en algunos casos el manejo que se hace de ellos es poco consciente. Los silencios en algunos casos pasan desapercibidos por los hablantes, tanto para los emisores como para los receptores, pero el grado de consciencia de estos signos oscila dependiendo de la situación comunicativa, por lo que no se les puede asignar la propiedad intrínseca de la inconsciencia. Por tanto, todo apunta a que el silencio ha de ser considerado como mínimo como signo potencialmente consciente.

Desde la *Teoría de la mente*, se puede establecer una relación clara entre el carácter mental de los fenómenos lingüísticos y su carácter consciente o potencialmente consciente (Searle 2001). Los procesos mentales que realizan los hablantes al comunicarse han de poder tener un carácter consciente. Ello significa que, además de intencionales, los actos comunicativos serán conscientes o posiblemente conscientes. A este planteamiento, Searle lo llama *Principio de conexión*. Así pues, bajo este principio, los hablantes, en un ejercicio de introspección, tienen la capacidad de mirar dentro de sus estados mentales (sus pensamientos, sentimientos, creencias, deseos…) para examinarlos en mayor detalle, cuestionar su validez y pertinencia, y elegir el uso que hacen de los signos comunicativos en cada momento (Searle 2001; Álvarez 2002).

Por tanto, como emisor del mensaje, el hablante puede no ser consciente del uso que le está dando al silencio en algún momento, al igual que ocurre, aunque en menor medida, con las palabras y gestos. Pero dicho recurso empleado de forma inconsciente siempre será susceptible de pasar a la consciencia si el hablante realiza un ejercicio de introspección. Por tal razón, estos signos no pueden considerarse inconscientes *per se* y, en consecuencia, no puede asignárseles esa propiedad. Es precisamente la idea de potencialidad la que hace imposible asignar a las formas lingüísticas el valor inherente de la inconsciencia, pues esta no será una característica constante y permanente, sino un estado eventual y que no se dará siempre ni en todos los hablantes (Searle 2001: 66).

El silencio, asimismo, presenta la propiedad de generar *expectativas* comunicativas en los hablantes. Al igual que otros signos, el silencio será esperable en determinados contextos. La correcta interpretación de este recurso dependerá, en gran medida, de si se utiliza cuando sería esperable, es decir, si se hace un *uso preferido* de él que cumpla con las expectativas de los hablantes. Su presencia en la interacción, tanto si se espera como si no, siempre implicará algo, pero en los casos en los que actúe de acuerdo con las expectativas comunicativas será más fácilmente aceptado y, posiblemente, interpretado. Por ejemplo, ante una invitación entre amigos, el silencio podría verse como una respuesta despreferida en español, ya que lo esperable es otro tipo de respuesta en dicha situación. En este caso, por tanto, el silencio está rompiendo las expectativas del oyente. Sin embargo, a pesar de esta circunstancia, el silencio igualmente está comunicando algo y está proporcionando pistas al hablante para interpretar su significado.

En resumen, el valor pragmático del silencio se deduce de su consideración como signo intencional, potencialmente consciente y esperable en la comunicación.

La interpretación del silencio, al igual que la de cualquier otro elemento comunicativo, requiere de mecanismos pragmáticos, ya que a la expresión lingüística utilizada (ausencia de palabra) ha de unirse la información pragmática con la que cuenta el destinatario y sus expectativas. Este hecho se debe, principalmente, a que un mismo silencio puede utilizarse con propósitos comunicativos distintos, por lo que «habrá que buscar la diferencia precisamente en lo que separa una realización particular de otra, es decir, en los elementos que configuran cada situación comunicativa» (Escandell 2006: 39).

II. El silencio visto desde la *lógica conversacional*

Son muy diversas las explicaciones que se han buscado desde la lingüística para situar el silencio en la comunicación. La *lógica conversacional* de Grice (1975) es una de las primeras aproximaciones pragmáticas que se realizó al fenómeno del silencio. De acuerdo con este modelo, en condiciones normales, la práctica comunicativa cuenta con un acuerdo tácito entre los hablantes, por el cual el receptor del mensaje procurará atender y entender lo que se le está intentando trasmitir. A esta colaboración en la tarea de comunicarse se la conoce como *Principio de cooperación*. De acuerdo con Grice, esta *lógica conversacional* permite que se haga un uso eficiente del lenguaje, tanto desde el punto de vista de su producción como de su interpretación.

El interés del destinatario por conocer la intención comunicativa del emisor es el principal motivo por el cual la vaguedad, imprecisión o ambigüedad de los mecanismos lingüísticos no suponen un obstáculo para la comunicación (Reyes 2000). Este principio es igualmente aplicable al silencio, pues el receptor cooperará para que la interpretación del silencio se produzca. Es decir, pondrá algo de su parte. Este hecho responde a la *presunción* o *Principio de relevancia*, que proclama que, siempre que nos hallamos ante un mensaje, partimos del supuesto de que es relevante; es decir, que su información trasciende la del contenido literal, razón por la cual hay que intentar buscar el significado más allá de lo dicho (Sperber y Wilson 1986).

Grice (1975) fue el primero en asignar el valor de relevancia a la comunicación. El autor, en una de sus *máximas conversacionales*, la de relación, indicaba que, para ser cooperativos en la comunicación, debemos ser pertinentes o relevantes con nuestro mensaje. Eso implica no incluir datos que no sean de interés para el interlocutor. Posteriormente, Sperber y Wilson (1986) sugirieron que la relevancia es el principio fundamental de la pragmática. Como explica Gutiérrez Ordóñez (2002: 135), para los relevantistas, «son pertinentes o relevantes las informaciones que, unidas a supuestos conocidos, generan conocimientos nuevos».

Desde esta concepción relevantista, no importa si el mensaje se expresa mediante palabras o silencios, lo importante es la información trasmitida y la intención que hay detrás del acto comunicativo. A partir de esta consideración, Pons Bordería (2004: 58) explica que «las características formales son indicios a través de los que el oyente tiene que recuperar la fuerza ilocutiva del mensaje». Dicho de otro modo, «las formas lingüísticas son meras indicaciones para que el oyente active un proceso inferencial que le lleve a recuperar la relevancia del enunciado» (Pons Bordería 2004: 59).

En este sentido, Grijelmo (2012), al hablar sobre el silencio en los medios de comunicación, se pregunta por qué los hablantes no somos concretos, por qué no nos ceñimos a las palabras y a sus significados, sino que a menudo vamos más allá y utilizamos imágenes u otros mecanismos no verbales para comunicar. La respuesta a su pregunta se encuentra en Gutiérrez Ordóñez (2002: 59), quien declara que «haciéndolo así, [es decir, incorporando la comunicación no verbal] nuestros mensajes son más informativos, más expresivos, incluso más efectivos. En una palabra, más pertinentes».

No debemos olvidar que, tal y como se entiende el proceso ostensivo-inferencial en la *Teoría de la relevancia*, todo signo verbal o no verbal que aparezca en el discurso se tomará como pertinente; de manera que el destinatario se afanará en buscarle una función comunicativa. Supongamos, por ejemplo, que un hablante guarda silencio ante un enunciado del tipo *a ver cuándo empiezas a tomarte las cosas más en serio*, realizado por su madre. Esa madre tratará de interpretar el silencio que acaba de producirse. Podrá pensar, tal vez, que su hijo quiere darle la razón; o que no está de acuerdo, pero quiere mostrarse prudente. Asimismo, puede que no piense nada de eso, y que interprete, simplemente, que su interlocutor no la ha oído… Su inferencia dependerá del contexto, de su experiencia y de los supuestos conocidos que tenga sobre su hijo, entre otras cosas, pero el proceso inferencial para tratar de interpretar dicho silencio se producirá siempre como sugiere la *lógica conversacional*.

III. LA RELEVANCIA DEL SILENCIO EN LA COMUNICACIÓN

Para entender el proceso ostensivo-inferencial del silencio en toda su complejidad, debemos recurrir a la idea de *entorno cognitivo* (*cognitive environment*), entendido como el conjunto de suposiciones o hechos manifiestos para el individuo (Sperber y Wilson 1986). Durante el proceso inferencial, los hablantes activan sus suposiciones manifiestas o representaciones mentales, a las que consideran *verdaderas* o *probablemente verdaderas*, para descifrar el significado del mensaje. En palabras de Reyes,

> el entorno cognitivo de cada individuo es diferente, ya sea porque su mundo físico es diferente, porque sus capacidades perceptivas o inferenciales son distintas, porque cada grupo habla lenguas diferentes con las que construye representaciones diferentes, o porque las memorias y experiencias y la interpretación de ellas difieren. Pero podemos estar seguros de que, en alguna medida, los participantes de una conversación compartimos nuestros entornos cognitivos: gracias a eso podemos comunicarnos. Del conjunto de hechos y suposiciones disponibles que constituyen su entorno cognitivo, el individuo elige algunos y no otros para «procesarlos» como información (Reyes 1990: 77).

De acuerdo con este supuesto, la eficiencia comunicativa reside en utilizar bien los recursos que están al alcance de los hablantes al procesar la información para conseguir la mayor contribución a las metas cognitivas con el menor coste posible (Sperber y Wilson 1986). Cuando nos comunicamos, parte de la información verbal y no verbal que emitimos y recibimos no necesita ser procesada, ya que forma parte de nuestro entorno cognitivo, lo que nos permite acceder a ella directamente. No obstante, otra porción de la información está totalmente desconectada de nuestro entorno, razón por la cual requerirá de un gran esfuerzo cognitivo. También contamos, en estos casos, con información nueva, pero conectada con la que ya tenemos, puesto que sin ningún tipo de conexión sería imposible inferirla.

Por tanto, al producir un mensaje, el emisor parte del supuesto de que comparte con su interlocutor o interlocutores un entorno cognitivo; de modo que al menos una porción de la información verbal y no verbal que esté trasmitiendo será inferida sin necesidad de realizar un gran esfuerzo cognitivo. A esa información ya conocida, habrá de unirse, posteriormente, la nueva información que se esté dando, pues solo así se llegará a la interpretación, más relevante, del acto comunicativo.

El proceso ostensivo es aquel a partir del cual el emisor utiliza estímulos para hacer manifiesta o más manifiesta una serie de supuestos al oyente (Sperber y Wilson 1986). La *Teoría de la relevancia* ha intentado explicar los silencios dentro del proceso ostensivo-inferencial a partir de este principio. Sperber y Wilson consideran que existen dos formas de comunicación: la *comunicación fuerte*, en la que los supuestos se hacen más fuertemente manifiestos, y la *comunicación débil*, donde los supuestos se muestran solo marginalmente. Para estos investigadores, la comunicación no verbal tiende a ser, generalmente, más débil que la verbal. Otros autores, por su parte, prefieren no asignar un valor comunicativo débil al silencio y establecen una distinción para estos signos entre *silencios relevantes* y *silencios no relevantes*. El silencio será relevante cuando sea percibido y esperado en el intercambio comunicativo que está teniendo lugar. Su grado de relevancia se medirá, pues, en virtud del esfuerzo de procesamiento que requiera: serán potencialmente relevantes los silencios que supongan un menor coste inferencial (Jaworski 1993; Méndez 2011, 2014a).

Ahora bien, la trasmisión de información no siempre es tan perfecta como se ha expuesto en los párrafos anteriores. En realidad, la comunicación está gobernada por una *heurística imperfecta* en la que son esperables los fallos (Sperber y Wilson 1986). Nuestra experiencia como hablantes nos muestra que el oyente no siempre recupera toda la información que le ha sido trasmitida, sino que la falta de entendimiento o la interpretación parcial del mensaje también son posibles en la práctica comunicativa. Los malentendidos, las equivocaciones, las dobles intenciones y las incomprensiones forman parte de nuestra experiencia cotidiana. Por tanto, la interpretación del silencio, y de las palabras, no siempre será exitosa.

Algunas de las razones a las que alude Escandell (2006) para explicar los erro-res pragmáticos son, por ejemplo, que el destinatario no tenga la certeza absoluta sobre la intención comunicativa del emisor, o que, a pesar de tener las mejores condiciones posibles, el destinatario no acierte con esa intención comunicativa. También podría ocurrir que, incluso habiendo deducido correctamente la intención comunicativa, construya su inferencia sobre unos supuestos equivocados y llegue a una conclusión inadecuada.

Hoy sabemos que el proceso cognitivo es la clave para inferir los actos silen-ciosos. De acuerdo con Jia (2013), el proceso de interpretación del silencio en la interacción consta de cuatro fases:

1. *Percepción del silencio.*
2. *Cognición del significado del silencio*: el oyente, a través del silencio, establece una relación entre la información nueva y la vieja.
3. *Cognición del significado contextual del silencio*: involucración del contexto cognitivo e inferencia de una serie de supuestos.
4. *Cumplimiento de la intención comunicativa*: elección, guiada por el conoci-miento pragmático, de alguno de los supuestos y deducción de las implicaturas.

Los supuestos de la autora llevan a concluir que el silencio será relevante para un individuo cuando: a) esté contextualizado; b) se conecte con la información de fondo que tiene a su disposición; y (c) se obtengan conclusiones importantes para él (Méndez 2014a, 2016a). Además, como ya sugería Jaworski (1993), cuanto más positivos sean los efectos cognitivos obtenidos y menor el esfuerzo de procesamiento requerido, mayor será su relevancia.

La pregunta que cabe hacerse en este punto es: ¿qué papel desempeñan hablante y oyente en este paradigma? Pons Bordería (2004) sugiere que, al no darse la com-prensión del mensaje por descontado, el papel de ambos será, sin duda, más activo. El oyente deberá recuperar la intención comunicativa e informativa del hablante, yendo más allá del contenido proposicional (palabras, silencios o gestos) del men-saje para llegar al sentido último del mismo. El emisor, por su parte, tendrá como tarea específica la ostensión que consiste en ir guiando el proceso inferencial del destinatario. Lo que diferencia esta explicación a la propuesta por Grice es que las premisas o supuestos que hacen los hablantes no son verdades absolutas, sino pensamientos, creencias o presunciones del oyente, cuyas conclusiones pueden cancelarse con la adición de nuevas premisas (Levinson 2000).

IV. EL SILENCIO COMO *ACTO* Y *ELECCIÓN*

La *Teoría de los actos de habla* parte de la idea de que decir algo es hacer algo. En otras palabras, cuando hablamos, realizamos acciones, denominadas *actos de habla*, con una determinada intención (Searle 1980). No hay duda, bajo este supuesto, de que existe una conexión entre lengua y acción. Al principio de este capítulo, ya nos hemos referido a los silencios como signos intencionales. Al igual que ocurre con otros actos comunicativos, estos elementos tienen necesariamente una finalidad, que «se manifiesta siempre como una relación dinámica, de voluntad de cambio», es decir, «como el reflejo de una determinada actitud de un sujeto ante su entorno» (Escandell 2006: 36). Así pues, hacer uso del silencio es una elección más o menos consciente, o sea, es fruto de una decisión y de una acción, callar.

> Cuando se elige el silencio en lugar de la comunicación, está quedando reflejada alguna actitud del sujeto ante el entorno, y, por tanto, podemos inquirir cuál es esa actitud. Ante quien no quiere cooperar hablando nos preguntaremos enseguida por qué lo hace: ¿es por miedo?, ¿indiferencia?, ¿para ocultar alguna cosa?... El silencio, pues, tiene auténtico valor comunicativo cuando se presenta como alternativa real al uso de la palabra (Escandell 2006: 37).

Por tanto, si algo está claro es que los actos silenciosos los eligen los hablantes y que tienen diversos usos estratégicos. Cuando callamos algo, lo estamos haciendo con una determinada fuerza ilocutiva y, casi siempre, estamos produciendo unos efectos. Mateu (2001) ha interpretado el silencio como un acto no locutivo, poseedor tanto de fuerza ilocutiva (acto que se realiza al no decir algo) como de efecto perlocutivo (acto que provocamos por el hecho de no decir algo). Castilla del Pino lo ha explicado diciendo que

> el silencio como signo posee, en consecuencia, una función ilocutiva porque obedece a una intención. Y tiene, además, una función perlocutiva, porque con él pretendemos producir determinados efectos. Con el silencio «hacemos» muchas cosas: otorgamos, reprobamos, humillamos o nos humillamos, acusamos o nos acusamos; y también nos desentendemos, o hacemos como que nos desentendemos, o ironizamos… (Castilla del Pino 1992: 83).

En el proceso discursivo, lo que se dice o lo que no se dice influye sobre las otras personas, y lo hace siguiendo las convenciones del lenguaje (Austin 1971). Los silencios, y también las palabras y los gestos, poseen una función que está a merced del contexto, pues el significado pragmático no puede existir fuera de las realizaciones o actos comunicativos concretos, ya que «se construye a partir de los elementos que integran cada situación comunicativa» (Escandell 2006: 78). Como se sabe, las acciones o actos pueden ser manifestados mediante distintas formas lingüísticas y ninguna de ellas será necesariamente más relevante que otra en el proceso comunicativo (Mateu 2001). En todo caso, si la comunicación se realiza mediante un acto silencioso, lo único que ocurrirá es que precisará del contexto en mayor medida que la palabra, cuestión que no afectará de ningún modo a su significado (Saville-Troike 1985).

Por otra parte, los hablantes tienen lo que se llama *conciencia del paradigma* (Reyes 2002). El proceso selectivo de elementos verbales y no verbales que realizan los individuos al comunicarse revela que «tienen algún grado de conciencia de las formas lingüísticas que usan y de las funciones que quiere cumplir con ellas». Por tanto, podría decirse que tanto el emisor como el destinatario de los mensajes conocen las formas lingüísticas que están a su disposición, de las cuales el hablante escoge una/s, hecho que puede ser interpretado por el oyente como que prefiere evitar otras formas. Lo que el hablante elige no decir o, mejor dicho, decir callando «(tenga plena conciencia o muy vaga conciencia de su elección) es una clave general para los procesos interpretativos» (Reyes 2002: 31). La elección de una forma lingüística u otra vendrá muchas veces determinada por las reglas o convenciones comunicativas de la lengua y de los hablantes y por las necesidades pragmáticas de la contextualización. Esas elecciones guían el proceso interpretativo de los oyentes y su posterior comportamiento lingüístico.

No hay duda de que «el lenguaje nos impone límites, pero, gracias a su variabilidad, [también] nos permite utilizarlo creativamente, si hace falta» (Reyes 2002: 45). Para Verschueren, la variabilidad del lenguaje nos da como hablantes un margen de negociación bastante amplio: «las elecciones no son mecánicas ni regidas por reglas inquebrantables, sino que tenemos mucha flexibilidad para elegir» (Verschueren 1999: 59). Así pues, existe un acuerdo tácito entre los interlocutores sobre los usos comunicativos del lenguaje, siempre y cuando los hablantes formen parte de una misma comunidad de hablantes. Este acuerdo hace posible que el mensaje sea interpretado, se exprese con la forma lingüística que se exprese.

Por tanto, cuando callamos, realizamos un acto para lograr algo, para alcanzar un objetivo. La intención o finalidad de los actos comunicativos funciona como un principio regulador de la conducta humana, ya que –según el fin que persiga– el individuo utilizará unos recursos comunicativos u otros. La elección la hará en función del mecanismo que considere más idóneo para alcanzar sus fines (Escandell 2006). Dicho esto, puede considerarse que el silencio es una elección, siempre y cuando no responda a un acto impositivo de los demás, es decir, a un *acto de silenciamiento* (Portolés 2016) (§VI. El silencio impuesto y la censura).

V. Las implicaturas del silencio. Entre lo contextual y lo presumible

Moreno Cabrera (1994) explica que, en todo análisis pragmático que se precie, han de tenerse en cuenta las circunstancias que envuelven el acto comunicativo. El autor considera fundamental atender las siguientes:

a. La persona que realiza el acto locutivo.
b. La persona o personas a quien o quienes va dirigido el enunciado.
c. Las coordenadas en las que se produce el acto de enunciación: momento y lugar y sus propiedades.
d. Las intenciones de quien realiza el acto locutivo.
e. La interpretación del acto locutivo por parte de la persona a quien va dirigido el enunciado.
f. Los conocimientos compartidos por el destinador y el destinatario.

De acuerdo con el autor, se pueden establecer generalidades entre los factores que envuelven al acto comunicativo, ya que

> los miembros de una misma comunidad lingüística en general se atienen a las mismas convenciones. Ello significa que ante una situación similar y una intención similar los miembros de una misma comunidad lingüística tenderán a utilizar ejemplares del mismo tipo oracional o ejemplares de los mismos tipos oracionales (Moreno Cabrera 1994: 348).

Aunque la información pragmática con la que cuentan los individuos es de naturaleza claramente subjetiva, ello no significa, tal y como apunta Moreno Cabrera, que la información pragmática de los hablantes sea totalmente diferente entre ellos. De hecho, «los interlocutores suelen compartir enormes parcelas de información, que comprenden los conocimientos científicos, las opiniones estereotipadas o la visión del mundo que impone la pertenencia a una determinada cultura» (Escandell 2006: 33). Estas parcelas incluyen también las hipótesis de los hablantes sobre los conocimientos que creen compartir con sus interlocutores y sobre la información pragmática que creen que el otro tiene. Así pues, puede aceptarse que la información pragmática es «de dimensiones variables según los casos, y que, además, cada uno construye una hipótesis sobre dicha parcela y sobre la información del otro. De lo adecuado de estas hipótesis dependerá en gran medida el éxito y la comprensión» de los mensajes (Escandell 2006: 35).

Según la autora, la información pragmática con la que cuentan los hablantes para interpretar los actos verbales y no verbales consta de tres subcomponentes:

a. *General*: comprende el conocimiento del mundo, de sus características naturales, culturales…

b. *Situacional*: abarca el conocimiento derivado de lo que los interlocutores perciben durante la interacción.

c. *Contextual*: incluye lo que se deriva de las expresiones lingüísticas intercambiadas en el discurso inmediatamente precedente.

En relación con dicha información pragmática y a los conocimientos que comparten los hablantes de la interacción, Farrell (2008) ha considerado el silencio un elemento que puede cumplir o no con los supuestos de los hablantes y con las expectativas que se crean en torno al acto comunicativo. La autora denomina *silencio marcado* a aquel que no se produce bajo los supuestos de un grupo de hablantes en ese contexto; y *silencio no marcado* al que coincide con estos supuestos creados en determinado contexto. De las palabras de Farrell, se deduce que hay silencios o usos del silencio habituales o esperables para cada grupo de hablantes.

En línea con lo anterior, pensamos que este tipo de *silencio no marcado*, que cumple con lo previsible para los hablantes, puede suponer una interpretación más rápida para el oyente por ser conocido y esperado. Es decir, al responder a las expectativas de los hablantes en un contexto concreto y formar parte de las convenciones del grupo, este tipo de silencios podrá dejar huellas pragmáticas que permitan relacionarlos más fácilmente con ciertos significados. Huelga decir que la interpretación pragmática de estos silencios, a pesar de poder relacionarse y depender, en cierto modo, de los usos habituales que hacen los hablantes de ellos, también estará siempre sujeta a la revisión contextual y a una cancelación posible.

De acuerdo con Levinson (2000) y las ideas neogriceanas, podría considerarse que existen para el silencio convenciones de uso que agilizan el trabajo inferencial. A partir de las implicaturas que el uso ha extendido y hecho más habituales y previsibles, los hablantes pueden ahorrar esfuerzo y tiempo de interpretación. Por tanto, el silencio podrá ser en ciertos momentos una actuación pragmática favorable a *interpretaciones presumibles*. Levinson (2004) propone basarse en tres principios de interpretación para obtener las *implicaturas conversacionales generalizadas* o *significados presumibles*. Estos son el *principio de cantidad*, el *principio de informatividad* y el *principio de manera*, coincidentes parcialmente con los propuestos por Grice, que simplifican la interpretación de los mensajes.

Capítulo 3
El silencio como elemento cultural

Existe una relación indudable entre los sistemas que rigen las actuaciones comunicativas de los hablantes y los sistemas socioculturales en los que estas se producen. Ello explica la diversidad cultural que se da en la práctica comunicativa (Hernández Sacristán 2002-2004). Los estudios sobre la multimodalidad han destacado el alto valor cultural y comunicativo del silencio en la interacción, razón por la cual su análisis se ha enfocado siempre desde las diferentes culturas. Estos estudios han permitido establecer significados pragmáticos muy diversos para los silencios en cada lengua o cultura. Por ende, el silencio no debe verse como un elemento universal en sentido estricto, ya que cuenta con valores propios en cada cultura que lo motivan y lo justifican. No obstante, puede considerarse universal en un sentido más general, ya que es un rasgo comunicativo que está presente en todas las lenguas (Méndez 2011, 2014a).

En algunas culturas como la española, el silencio es percibido de forma subsidiaria a la verbalidad, salvo en disciplinas que van más allá del lenguaje como, por ejemplo, el arte y la música. El refranero es un instrumento que permite ver, de forma aproximada, la significación cultural que tiene el silencio en una lengua, pues refleja actitudes lingüísticas populares que han ido pasando de generación en generación y que muestran el sentir más o menos generalizado de los hablantes de una zona. Uno de los refranes más conocidos y populares en español es, precisamente, *hablando se entiende la gente* que refleja esa mayor predisposición que muestra la cultura española hacia la palabra. Esta actitud la vemos igualmente en otras expresiones como *lo que se sabe sentir, se sabe decir*, o *con el hombre siempre callado, ¡mucho cuidado!*

Las paremias también nos indican varias de las funciones comunicativas que tiene el silencio en la cultura española. Del dicho *quien calla otorga*, se desprende la idea de que el silencio se puede interpretar en español como una afirmación o confirmación de un hecho mencionado anteriormente. Igualmente, se aprecia la función de prudencia o cautela en *más vale callar que errar* y *en boca cerrada no entran moscas*. Es frecuente, asimismo, que los hablantes tengan una percepción sobre el uso que se hace de los signos verbales y no verbales en otras culturas y lo reflejen en su refranero. En el caso del español, existe, por ejemplo, la expresión *hacerse el sueco* que hace referencia al uso más frecuente y prolongado que se hace del silencio en culturas del norte de Europa.

Las actitudes lingüísticas que tienen las personas hacia las lenguas, sus variedades y los usos lingüísticos que se hacen en estas pueden llevar a asumir una serie de supuestos y estereotipos hacia sus hablantes que afectan a la comunicación. Los individuos con frecuencia establecen generalizaciones, normalmente cercanas a las propias, para los usos verbales y no verbales; cuando, como se sabe, los signos comunicativos son variables y están claramente determinados por el contexto. La investigación intercultural del silencio apuesta por el estudio de estos elementos desde la óptica de cada cultura, lo cual da muestra del relativismo cultural del silencio y permite minimizar los riesgos que suponen los estereotipos y las posibles estigmatizaciones de los hablantes.

El estudio del silencio desde la pragmática intercultural ha presentado diversos enfoques que pasamos a concretar en los siguientes apartados de este capítulo. En primer lugar, se han analizado las diferentes actitudes lingüísticas hacia el silencio de los hablantes en las distintas culturas. También se han examinado las convergencias y divergencias interculturales de las ausencias de habla en sus realizaciones pragmáticas. Un tercer aspecto estudiado ha sido la duración del silencio en distintas lenguas en relación con los diversos grupos de hablantes. Asimismo, se ha medido la (in)tolerancia que muestran las culturas ante los actos silenciosos. Además, se ha analizado el silencio como posible error pragmático en la comunicación intercultural. Y, por último, se ha reflexionado acerca de cómo las distintas culturas y sociedades imponen el silencio para censurar a sus hablantes.

I. ACTITUDES LINGÜÍSTICAS HACIA EL SILENCIO

La percepción que se tiene del silencio en una cultura, como se ha dicho, está relacionada directamente con la disposición que presentan los individuos a usarlo en sus intercambios comunicativos. La pragmática intercultural estableció, en sus primeros estudios, una contrastiva demasiado generalista para estudiar los fenómenos comunicativos. Con frecuencia, presentaba diferencias comunicativas entre las llamadas *culturas occidentales* y *culturas orientales*. Eso mismo ocurría al referirse a las actitudes lingüísticas hacia el silencio, cuestión que ha llevado a empobrecer los resultados de las investigaciones, pues no se han considerado lo suficiente los factores contextuales inmediatos y las identidades socioculturales de los hablantes (Nakane 2007; Méndez 2014a).

Si bien esta posición generalista ha sido corregida en los últimos estudios, todavía se pueden encontrar en la bibliografía referencias a las actitudes de los occidentales frente a los orientales. En este sentido, se ha sugerido, por ejemplo, que los occidentales prefieren la palabra al silencio (Argyle 1972; Enninger 1987; Giles *et al.* 1991; Jaworski 1993; Scollon 1985; Vivas 2011). Según explica Argyle (1972), en las sociedades occidentales, la interacción social debe llenarse con el habla y no con la ausencia de ella. Por tanto, no es de extrañar que en varios estudios se hayan observado valoraciones más positivas hacia el silencio en los hablantes orientales que en los occidentales (Enninger 1987; Giles *et al.* 1991; Scollon y Scollon 1995).

Ya en los años 90, Giles y sus colaboradores midieron las actitudes hacia el silencio a partir de la comparación de identidades culturales concretas. En su investigación analizaron individuos angloamericanos, estadounidenses de origen chino y chinos no estadounidenses. Los resultados del estudio confirmaron que los informantes angloamericanos valoraban más positivamente el habla que las otras dos comunidades de hablantes. Asimismo, el grupo de chinos no estadounidenses vio más positivo el silencio que los chinos estadounidenses. La investigación también arrojó datos interesantes respecto a la variación social, pues concluyó que existía una brecha generacional en las creencias acerca del habla y el silencio en los grupos de hablantes analizados (Giles *et al.* 1991). Este hecho reforzó la idea que ya estaban desarrollando Tannen y Saville-Troike (1985) desde hacía unos años según la cual no es suficiente con establecer diferencias culturales a la hora de analizar las actitudes lingüísticas, sino que también hay que evaluar la variación social.

Es precisamente esta línea la que han seguido las investigaciones más recientes. De acuerdo con un estudio que realizamos hace ahora una década, a pesar de las similitudes actitudinales y lingüísticas que se dan entre personas de una misma cultura, también se observan diferencias intraculturales en las actitudes que presentan los hablantes hacia el silencio en la interacción. El análisis realizado a españoles jóvenes sugiere que las actitudes hacia el silencio en la conversación en español dependen en parte: (1) del origen y residencia de los hablantes, (2) la lengua materna, (3) el grupo etnolingüístico (inmigrantes *vs.* no inmigrantes) al que pertenecen, (4) el conocimiento que tienen de otras lenguas, (5) el sexo y (6) la edad de los hablantes. Destacan, especialmente, las diferencias que presentan las mujeres y hombres jóvenes. Concretamente, son las mujeres, en este estudio, las que muestran más reticencias ante el silencio y admiten utilizarlo menos que los hombres (Camargo y Méndez 2013b; Méndez 2014a, 2015b, 2017).

Ahora bien, según esta investigación, el silencio no es visto por la generación joven de españoles como un recurso inexistente o pernicioso para la comprensión de los mensajes. Entre las principales consideraciones que realizan los jóvenes del estudio hacia el silencio en el discurso oral, destacan su aceptación como opción lingüística. Esto ocurre tanto en situaciones formales con personas con las que no se guarda una relación social demasiado estrecha, como el jefe en contextos formales, como en contextos informales y altamente frecuentados con los amigos. Los hablantes españoles, además, son conscientes de la plurifuncionalidad del silencio en la oralidad y lo perciben como un recurso positivo o cortés en situaciones informales entre amigos o más formales en el contexto laboral. El rol comunicativo del hablante, emisor o destinatario, también afecta notablemente a las actitudes lingüísticas y a la consideración sociopragmática del silencio, puesto que en las situaciones en las que los informantes del estudio actúan como emisores los silencios son percibidos como menos molestos y más oportunos que cuando actúan como destinatarios (Méndez 2014c).

II. Usos comunicativos del silencio en las culturas

Los estudios de pragmática intercultural han comprobado, además, que los hablantes de distintas lenguas no solo confluyen o divergen en sus actitudes lingüísticas hacia el silencio, sino que también lo hacen en los usos que realizan de estos signos en la interacción (Saville-Troike 1985; Enninger 1987; Jaworski 1993; Nakane 2007; Méndez 2014a). Según diversas investigaciones, los usos estratégicos del silencio se adquieren de forma inconsciente y desde edades muy tempranas a través del entorno social, cultural y familiar (Philips 1972; Saville-Troike 1985; Lehtonen y Sajavaara 1985; Clancy 1986). Ello provoca que existan, salvando las diferencias individuales, usos comunes entre los miembros de un mismo grupo de hablantes.

Scollon y Scollon (1995) observan que el aprendizaje de los niños en las comunidades indias atabascanas se lleva a cabo con la escucha y la observación en silencio de las actuaciones de los adultos. Este fenómeno de escucha durante los primeros años de vida ha sido denominado *perfecto código de silencemas* (Fernández y Monterrubio 1993). Lo mismo observa Philips (1972) en la distribución de habla-silencio en la conversación entre adultos y niños en la comunidad india de Warm Springs. También ocurre esto con los temas de conversación que se deben hablar y los que se deben silenciar. Por ejemplo, en las comunidades aborígenes en Australia, hay temas que solo pueden ser mencionados por las mujeres o los hombres. Estos temas se han llamado *asuntos secretos de mujeres* (*secret women's business*) y *asuntos secretos de hombres* (*secret men's business*) y son aprendidos igualmente por los niños en el entorno familiar (Moore 2000).

Las investigaciones de Basso (1972), Saunders (1985), Scollon y Scollon (1995), Agyekum (2002), Contreras (2008), Nakane (2007), Vivas (2011) y García García (2014), entre otros, han tratado las diferencias en el uso que presenta el silencio en cada cultura y han puesto de relieve el peligro que existe de ser malinterpretado en la comunicación intercultural. Entre las conclusiones a las que llegan los autores, destaca por ejemplo que el silencio es un fenómeno que se da normalmente en las conversaciones alemanas, que depende de las exigencias comunicativas de la interpretación y cuya interpretación está sometida a la variación cultural de los hablantes (Contreras 2008). También se ha observado que las diferencias de género que afectan al uso del silencio pueden presentar grandes contrastes entre las culturas. Un ejemplo de este tipo sería el explicado por Saville-Troike (1985) sobre el uso del silencio por parte de las mujeres en las peticiones de mano. En estos casos, de acuerdo con la autora, el silencio de una mujer después de una propuesta de matrimonio se interpreta como una aceptación en japonés, pero como un rechazo en Nigeria, en la lengua Igbo.

Igualmente en la cultura japonesa, como explica Hernández Sacristán (1999), la sociedad oriental tradicional otorga un gran valor a la comunicación no verbal y al silencio, casi opuesta a la se observa en otras culturas. Los japoneses consideran que las cosas más importantes no se pueden comunicar con palabras que sirven solo para las cosas secundarias. El uso de la palabra es considerado insuficiente como vía para establecer una nueva relación social o reparar una relación social transitoriamente rota. Al mantener silencio en los encuentros sociales, los hablantes van creando «el sustrato que hará más tarde factible y justificado el uso de la palabra» (Hernández Sacristán 1999: 148).

Respecto al uso del silencio entre los nativos americanos y los angloamericanos, Basso (1972) observa grandes diferencias. Allí donde el uso de la palabra sería lo esperado para los angloamericanos, el apache guarda silencio. Estos hablantes evitan el uso de la palabra cuando no existe una relación social cercana entre los interlocutores. Scollon y Scollon (1995), en su estudio sobre la cultura atabascana, añaden a los usos del silencio de los indios americanos presentados por Basso la relación de jerarquía, de modo que la palabra simboliza una posición social dominante y el silencio un rol de sumisión y respeto. En otras sociedades, como indica Hernández Sacristán (2002-2004), esta situación se revierte y el silencio es la muestra de poder. Para Sifianou (1997), el silencio en sí mismo no sería necesariamente un signo de impotencia o dominación, pues es en la interacción entre varios hablantes cuando se atribuye el significado a cada forma de comportamiento.

Lehtonen y Sarajavaa (1985) y Lehtonen (1995) destacan, por su parte, que los hablantes finlandeses usan los silencios en otros contextos si se comparan con hablantes de Europa Central y del Sur. Desde este punto de vista, los finlandeses son más reticentes a las interacciones verbales, utilizan pausas más largas y hablan a un ritmo más lento tanto con hablantes conocidos como con desconocidos. En la comunidad blanca de Norteamérica, como explica Tannen (1985), también se encuentran diferentes orientaciones al silencio y a la palabra. Los neoyorquinos tienen un ritmo más rápido de habla y perciben a los hablantes californianos como conversadores muy lentos que ralentizan la conversación e, incluso, que no cooperan. Los californianos, por su parte, consideran a los neoyorquinos personas muy dominantes y poco dadas al silencio.

Así pues, como se está viendo, las enormes diferencias observadas entre las culturas hacen patente la necesidad de considerar los comportamientos verbales y no verbales como elementos que cada sociedad, o incluso cada grupo de individuos, utiliza según las normas de su comunidad (Knapp 2000). A pesar de las diferencias culturales que se acaban de exponer, no hay que olvidar, como se ha indicado, que algunos de estos estudios sobre el silencio se han realizado desde una óptica universalista y marcando como diferente todo aquello que no coincidiera con el enfoque occidental. La tendencia etnocentrista habitual, tanto en su percepción como en su consideración, ha sido la de etiquetar como silencio todo lo que, de acuerdo con las expectativas sobre el comportamiento normal en la cultura occidental, está ausente (Méndez 2011).

Adicionalmente, existe otra problemática en el análisis de los actos silenciosos en la comunicación intercultural. Algunos investigadores han comparado y establecido comportamientos comunes o coincidentes entre comunidades de hablantes que, aunque son todas ellas favorables al silencio, se hallan separadas por un abismo cultural. Aquí somos de la opinión de que es harto complicado agrupar las distintas culturas únicamente basándose en los usos verbales o no verbales que hagan de las lenguas. Un ejemplo de ello son los trabajos de Scollon y Scollon (1995) sobre el estilo comunicativo de los indios atabascanos y los de Basso (1972) sobre los indios apaches. Dichas investigaciones concluyen que los silencios son muy frecuentes en las comunidades de indios americanos, pero también advierten de que los silencios de estos hablantes poco tienen que ver con los de otros grupos considerados «silenciosos» como, por ejemplo, los finlandeses (Lehtonen y Sarajavaa 1985; Lehtonen 1995), los japoneses (Barnlund 1985), los chinos o los amish (Enninger y Raith 1982). Esta visión del fenómeno no ha hecho más que agravar la problemática ya referida, por lo que será necesario que en futuros estudios se definan muy claramente las comunidades lingüísticas o grupos de hablantes en los que se centrarán los análisis.

III. DIFERENCIAS CULTURALES EN LA DURACIÓN DEL SILENCIO

La duración del silencio en las distintas culturas también ha suscitado gran interés entre la comunidad científica (Scollon y Scollon 1981; Lehtonen y Sajavaara 1985; Scollon 1985; Tannen 1985; Enninger 1987; Jaworski 1993, 1997; Kurzon 1997; Sifianou 1997; Carbaugh y Poutiainen 2000; Cestero 2000; Nakane 2007; Vivas 2011; Méndez 2014a). De acuerdo con Sifianou (1997), la duración de los silencios puede relacionarse, al igual que ocurre con la valoración que se hace de ellos, con la preferencia que muestran algunas sociedades por el silencio frente a otras en las que la charla ociosa es positiva y forma parte de la comunicación fática (Sifianou 1997).

Numerosos autores han visto cierta conexión entre la presencia de silencio y la *cortesía negativa* y la ausencia de silencio y la *cortesía positiva* (Haverkate 1994; Poyatos 1994; Sifianou 1997; Contreras 2008; Camargo y Méndez 2013a) (§II. El valor sociopragmático del silencio). Un ejemplo de ello sería el caso de los finlandeses, los indios americanos o los aborígenes australianos que muestran índices más altos en la duración de sus silencios que los europeos del sur, los angloamericanos o los angloaustralianos (Lehtonen y Sajavaara 1985; Scollon 1985; Scollon y Scollon 1995; Eades 2000).

No obstante, tal y como explica Nakane (2007), las observaciones sobre la duración del silencio a menudo se basan en la comparación de datos de forma intuitiva, como en el caso de Lehtonen y Sajavaara (1985), quienes estimaron que el silencio en la cultura finlandesa es muy largo, pero no establecieron una metodología fiable para la recogida de datos. Por tanto, todavía no están claramente constatadas las diferencias entre silencios y velocidad del habla establecidas en las diversas culturas. Como se verá, un estudio que realizamos sobre la cultura española, basado en 20 horas de conversaciones reales, indica que el 75% de los silencios conversacionales en español no superan los 2 segundos de duración (Méndez 2014a) (§II. La duración del silencio en español). Si esta duración se compara con la indicada en algunas culturas del norte de Europa podrá pensarse que el silencio en español es un signo breve.

IV. TOLERANCIA CULTURAL HACIA EL SILENCIO

Los estudios en los que se mide la tolerancia al silencio en relación con su duración son muy escasos en la pragmática intercultural (Nakane 2007). A pesar de ello, la lingüística cuenta con algunos trabajos empíricos como el de Jefferson (1989), quien observó la tolerancia hacia el silencio que presentan los hablantes nativos de inglés. Los resultados obtenidos apuntaron a que este grupo de hablantes tolera silencios de hasta alrededor de un 1 segundo. Por su parte, Watts (1997: 93-94) afirmó que, en lo que se refiere a las culturas europeas y de América del Norte, un silencio de entre 1,3 y 1,7 segundos será considerado significativo por los hablantes y estará abierto a la interpretación. La ausencia de habla, además, será interpretada de forma diferente dependiendo del contexto en el que aparezca y de la duración que tenga.

Lehtonen y Sajavaara (1985) plantearon una cuestión interesante que da muestra de la diversidad en torno al silencio. Los autores explicaron que uno de cada cinco estadounidenses siente aprensión hacia la falta de comunicación verbal, debido a la gran importancia que se da en su cultura al *rendimiento verbal articulado*, considerado uno de los aspectos más importantes para el éxito y la imagen positiva. Panikkar (1997) se ha referido a este miedo al silencio como *sigefobia*. Lehtonen y Sajavaara añaden que, por el contrario, los finlandeses atribuyen una valoración muy positiva al silencio, pues es un elemento habitual en sus intercambios comunicativos (Lehtonen y Sajavaara 1985; Sajavaara y Lehtonen 1997). Según Reisman (1974), esto mismo es aplicable a los suecos de las comunidades laponas del norte de Suecia, quienes admiten silencios muy largos en sus encuentros sociales con sus vecinos.

V. El silencio como error pragmático en la conversación intercultural

Además de los usos estratégicos del silencio que tiene cada cultura y que, como se ha comentado, pueden malinterpretarse, el silencio también aparece en situaciones en las que los hablantes de culturas diferentes no se entienden; y, ante esa incomprensión, guardan silencio. Cuando esto sucede, los estereotipos culturales del tipo *estos hablantes son muy callados* también pueden verse reforzados. Scollon y Scollon (1995), refiriéndose a Bateson (1972), describen el tipo de proceso de amplificación de los problemas de la comunicación intercultural a través del silencio como *esquismogénesis complementaria*. Desde una perspectiva psicológica, uno de los factores contextuales que más influye en la producción de silencios en la comunicación intercultural es la ansiedad que produce a los hablantes de otras lenguas tener que comunicarse en una lengua ajena (Lehtonen y Sajavaara 1985).

De acuerdo con estos autores, la aprensión para comunicarse en una lengua extranjera está causada, en gran medida, por la percepción que tiene ese hablante sobre su baja competencia en la lengua extranjera. Este hecho le hace verse incapaz de tener un comportamiento social adecuado con otros hablantes y le lleva a previsualizar un resultado negativo de la comunicación y a recurrir al silencio (Lehtonen y Sajavaara 1985). Por ende, parece que la causa del silencio o la evasión comunicativa del hablante extranjero no es tanto la competencia comunicativa, sino la autopercepción negativa hacia su dominio de la lengua.

Como se verá en el último capítulo de este libro, el silencio, además de como un error en la comunicación intercultural, ha de verse como un recurso común en las lenguas que debe aprenderse en la comunicación intercultural para evitar las posibles interferencias que se producen en este tipo de situaciones. Ante la constatación de las diferencias interculturales, será necesario incluir su tratamiento en la enseñanza-aprendizaje de segundas lenguas (Méndez 2014b); puesto que aprender estas reglas forma parte del proceso de aculturación que se ha de realizar todo aprendiente si se quiere ser competente a nivel comunicativo en la lengua extranjera (Vivas 2011) (§I. El silencio en la adquisición de las lenguas).

VI. El silencio impuesto y la censura

Ya se ha dicho que el silencio o el acto de callar es muchas veces una elección comunicativa personal del hablante. Sin duda, «el discurso se compone de lo que se dice y de lo que se silencia» (Castilla Pino 1992: 96). Así, evitamos decir cosas que pudieran violentar o herir al interlocutor o que pudieran comprometernos como emisores. A estas actuaciones, se las denomina *autocensura*. Sin embargo, también ocurre que en ocasiones el silencio viene impuesto por otras personas. En la conversación, la forma más habitual de hacerlo es a través de interrupciones o superposiciones de habla de otros participantes que impidan la trasmisión del mensaje.

En los medios de comunicación, la exclusión de algunos asuntos que afectan a la sociedad ha sido interpretada como el *silencio de la información*. De acuerdo con Grijelmo (2012: 55-57), «el silencio impuesto que sufren una sociedad o sus individuos suele tener su origen en una opresión política o religiosa», de ahí deriva la censura. Es más, como se sabe, el silencio informativo está al servicio de las ideas predominantes, es decir, al servicio del poder. Por tanto, normalmente, «[…] el propósito obvio de toda censura es el control de las masas para el mantenimiento de la situación de fuerza que se da en ese momento. Y quizás, y de forma más profunda aún, el deseo de controlar la realidad, de anularla o permitirla». De todo lo anterior, se deduce que «desde la antigüedad el silencio se ha venido utilizando en tanto que arma política y religiosa para ocultar lo relevante, convertirlo en irrelevante y manipular a las masas».

Mayor Zaragoza (2011) ha explicado que las noticias trascendentales o de hondo calado que podrían mover a la reflexión y a la libertad de decisión de los ciudadanos se ocultan, desdibujan o disfrazan, mientras los medios de comunicación se afanan en dedicar «exagerados espacios» a deportistas y actores. En determinados momentos de la historia, la censura o *silencio de la información* se ha convertido en un «instrumento burdo, que generaba reacciones y contribuía a desatar los ánimos contra el dictador de turno» (Grijelmo 2012: 59). Actualmente, son los intereses económicos, principalmente, los que conducen a esta espiral del silencio, pues influyen en la información (o en la falta de ella, es decir en la «desinformación») y determinan, de forma sutil, qué información se difunde y cuál se retira (Grijelmo 2012: 59).

Portolés (2016) ha sugerido que la censura puede imponer tanto el silencio como la palabra. El silencio impuesto afecta, por una parte, al canal (prensa escrita, radio, televisión, medios digitales, etc.), y a lengua, esto es, imposición de una o prohibición de otra; y, por otra, al mensaje (prohibir la propia enunciación o censurar lo que dice una persona, es decir, su enunciado). El censor también se guarda el derecho a discriminar a los destinatarios de un mensaje, ya sea por su edad, sexo, situación social o lugar de residencia. En el caso de imponer la palabra, la censura o bien crea formas de expresión, o bien selecciona una expresión ya existente y la fuerza en los demás. El silencio en estos momento deja, pues, de ser una elección para convertirse en una imposición propia o ajena.

Capítulo 4
El silencio en contexto: una visión dinámica del lenguaje

A pesar de que el silencio en español, en relación con otras culturas, se percibe como menos frecuente que otros signos comunicativos, se ha descrito como un elemento cotidiano en la comunicación. Al igual que otros rasgos suprasegmentales, el silencio responde a conductas dinámicas que condicionan su interpretación. Ese carácter dinámico permite explicar, entre otras cosas, por qué el silencio no se interpreta siempre de la misma manera, ni genera los mismos efectos en los hablantes (Méndez 2014a, 2023).

Las *Teorías dinámicas del discurso* entienden el lenguaje como un sistema complejo y dinámico que cambia en función del contexto y la interacción social que se produce entre los hablantes (Stalnaker 1978; Kamp 1981; Groenendijk y Stokhof 1990; Heim 1992; Kamp y Reyle 1993; Portner 2009, 2018). Estas teorías proponen que el lenguaje se autoorganiza a medida que los hablantes interactúan en un entorno lingüístico y social. Así pues, el significado y la forma de las expresiones lingüísticas están determinados por factores de tipo cognitivo, comunicativo, contextual, social y cultural que se interrelacionan y marcan los enunciados. De este modo, los enunciados se van superponiendo, generando nuevas interpretaciones dinámicas del discurso que llevan a posibles reevaluaciones de la interacción.

En la comunicación, por ende, lo que ocurre es que los hablantes generan e interpretan los signos comunicativos a lo largo de la enunciación. Un enunciado producido en un momento concreto del discurso, y al que se le ha asignado una función, podrá verse reinterpretado en cualquier momento si el cotexto da indicios a los hablantes para hacerlo. Lo anterior afectará a los usos comunicativos que se hagan en los siguientes enunciados y pondrá en marcha el mecanismo de adaptación lingüística que tienen los hablantes para adecuar sus mensajes a la nueva situación comunicativa. En este momento, los interlocutores calibrarán la situación, la intención comunicativa y las formas lingüísticas disponibles y seleccionan la modalidad más pertinente en esa situación comunicativa. Así pues, el lenguaje se ve desde esta perspectiva como una actividad en constante cambio, condicionada por el entorno lingüístico y social en el que se enmarca la interacción entre los hablantes.

Lo anterior no quita que las lenguas y sus grupos de hablantes, como se ha explicado ya, tengan patrones de uso bastante estables. Es más, lo habitual es que ciertas formas lingüísticas se establezcan en cada comunidad de hablantes por razones sociales y comunicativas. Es por ello por lo que se pueden encontrar diferencias lingüísticas entre las distintas agrupaciones de individuos. Lo que pretenden destacar estas teorías es que los usos lingüísticos empleados en la interacción no pueden explicarse únicamente por ciertas propiedades o características del lenguaje, sino que estos elementos lingüísticos (palabras, sonidos, gestos o silencios) emergen como resultado de las particularidades del contexto lingüístico y social en el que se producen y están sujetos a reinterpretaciones durante la interacción.

Desde esta perspectiva, los hablantes comparten un conjunto de información, llamado *base común* (*common ground*) (Stalnaker 1978), que va cambiando según avanza la interacción. Cada enunciado que se produce en el intercambio comunicativo tiene la capacidad potencial de contribuir e influir en el discurso anterior y posterior al ir modificando y actualizando la información compartida por los hablantes. Los distintos modos lingüísticos, verbales y no verbales, como decimos, tienen un papel importante en estas teorías. Los participantes en un acto comunicativo presuponen a su interlocutor una base común compartida que les permite recurrir a los signos verbales y no verbales más pertinentes, según el momento, a partir de la suposición que hacen los emisores al producirlos. Estos signos comunicativos podrán ser sometidos por los hablantes a reinterpretaciones en el momento en el que se les den indicios en el discurso para hacerlo.

Portner (2018) llama *pragmática dinámica* a esta capacidad potencial que tienen los enunciados de significar y ser reinterpretados en el contexto enunciativo. Las nuevas informaciones que se van sumando a la comunicación son las encargadas de dinamizar el discurso e influir en la construcción del significado. En contraste con otras teorías pragmáticas más estáticas, la *pragmática dinámica* se centra en el proceso de comunicación, destacando la importancia de factores contextuales, convenciones compartidas, suposiciones mutuas en la interpretación de los enunciados y la base común discursiva que se ha generado durante la interacción. Este enfoque considera que el significado de un enunciado no es algo fijo y estático, sino que se construye y negocia en el contexto de la interacción.

Los hablantes, así, monitorean y evalúan constantemente su propia producción y comprensión lingüística que hacen de los enunciados en función de los actos comunicativos que se van produciendo en la interacción. Esta retroalimentación y revisión inferencial contribuye a la relevancia comunicativa de los mensajes. La relevancia es una de las piezas claves de la *pragmática dinámica*. Según esta perspectiva, los hablantes buscan producir enunciados que sean relevantes para el contexto de la enunciación y que aporten información útil a los interlocutores. Su intención es maximizar la eficiencia comunicativa, buscando el equilibrio óptimo entre el esfuerzo cognitivo invertido y el beneficio comunicativo obtenido. Para ello, los interlocutores seleccionan y presentan información relevante para el contexto enunciativo a partir de signos verbales o no verbales, según el caso. Y los oyentes tratan de inferir esa relevancia comunicativa y encontrar la interpretación más pertinente a partir del contexto en el que se enmarca el discurso.

Como se ha dicho, los hablantes ajustan su discurso como consecuencia de la retroalimentación que reciben. El resultado de ello es la adaptación del mensaje al entorno comunicativo y social. Por tanto, podría decirse que una de las características fundamentales del lenguaje es que es sensible al contexto en el que se produce. La experiencia comunicativa también tiene aquí un papel importante, pues es la participación en situaciones comunicativas e interacciones sociales la que les permite a los individuos adquirir y mejorar sus habilidades lingüísticas. La práctica comunicativa hace posible la autoorganización y la autorregulación continua de la lengua, dando lugar a que se prioricen unos usos frente a otros. En este proceso tienen gran importancia los procesos mentales que realizan los hablantes durante la interacción.

Las *Teorías dinámicas* reconocen, pues, el lenguaje como un sistema adaptativo complejo con un carácter probabilístico más que completamente determinista. Por consiguiente, el sistema lingüístico se caracteriza por su capacidad para adaptarse y autorregularse en respuesta a los aspectos internos y externos de la comunicación. Las propiedades emergentes del lenguaje se autoorganizan a medida que los hablantes interactúan, adaptándose al entorno comunicativo y social. Este proceso afecta también a la interpretación de los enunciados que es dinámica y está abierta a posibles revisiones. Según este enfoque, los destinatarios de los mensajes no se entienden como meros receptores pasivos, sino que están involucrados en la construcción y negociación del significado. A través de la interacción, los hablantes se coordinan entre sí a partir de palabras, gestos, silencios en un contexto compartido para facilitar la comprensión mutua. La plasticidad y flexibilidad son otras de las propiedades que asignan las *Teorías dinámicas* al lenguaje.

I. LA DINAMICIDAD DEL SILENCIO

El primer paso para interpretar el silencio es siempre su reconocimiento como elemento comunicativo que requiere de un proceso cognitivo ostensivo-inferencial. En dicho proceso, el destinatario se plantea al menos los siguientes supuestos: (1) *mi interlocutor con su silencio está intentando comunicar algo que debe tener significado pragmático*; (2) *el significado del silencio debe estar relacionado con alguna creencia, convicción, saber, uso lingüístico o conocimiento que tengo y/o comparto con mi interlocutor*; y (3) *que mi interlocutor utilice el silencio en este contexto, aquí y ahora, también debe significar algo* (Méndez 2014a, 2023; Méndez y Camargo, 2015a). A continuación, el destinatario o receptor actual, en un acto comunicativo dado, procede a calibrar el silencio y a establecer la mejor interpretación posible. Para ello, necesita evaluar algunas partes del discurso anterior y del contexto situacional en el que se produce.

Tal y como explica Kamp (1981) en la *Teoría de la representación discursiva* (DRT), las enunciaciones aisladas no permiten inferir plenamente los rasgos discursivos que aparecen en la interacción. Para interpretar estos elementos, es necesario recurrir al flujo de información que se produce a lo largo del discurso. Este posicionamiento, enmarcado en las *Teorías dinámicas del discurso*, sugiere que los silencios, así como otros recursos verbales y no verbales empleados en el discurso, seleccionan sus referentes en el cotexto y en el contexto. Dicho de otro modo, de acuerdo con la DRT, «cuando se interpreta un discurso se construye una representación mental que va completándose a medida que aquél avanza» a través de las relaciones que se establecen entre la información ya conocida y la información nueva (Salguero 2001: 203).

Lo anterior, unido a la evaluación del contexto físico y comunicativo en el que se produce cualquier elemento discursivo, es lo que permite la interpretación de los signos comunicativos. Por ende, la comprensión del silencio puede explicarse como el resultado de una combinación de varias operaciones mentales estratégicas: por un lado, el destinatario evalúa el contexto y toda la información pragmática con la que cuenta para dar sentido o interpretar el significado no literal del acto silencioso y, por otro, revisa el cotexto y activa el conocimiento de los usos del lenguaje que ha adquirido en el transcurso de su vida, así como los significados más o menos estables que reconoce de algunas funciones pragmáticas del silencio en ese cotexto (Méndez 2014a, 2023).

Los presupuestos comunes, esto es, las suposiciones compartidas entre los hablantes son fundamentales en la construcción del sentido de la enunciación. Estos permiten resolver las ambigüedades y las posibles interpretaciones múltiples que en el caso del silencio se dan con frecuencia en la interacción. En el discurso oral, como es sabido, los hablantes recurren a una serie de mecanismos verbales y no verbales para coordinar su comprensión mutua. Estos mecanismos incluyen el uso de indicadores contextuales que posibilitan la comprensión, complementación y clarificación del significado pragmático de los enunciados. En este punto, se reconoce también la influencia de las normas sociales, las convenciones culturales y las expectativas compartidas de los participantes en la interpretación de los enunciados y en la interacción comunicativa.

El hecho de que en cada silencio se den una condiciones discursivas y contextuales diferentes provoca, como se ha dicho, que no sea posible establecer relaciones fijas entre el silencio y una interpretación estable. Como se avanzó en el capítulo

2 (§I. Propiedades pragmáticas del silencio), el silencio no se relaciona con una función pragmática concreta, lo que provoca que este signo sea plurifuncional y que su interpretación esté abierta a numerosas posibilidades. Dicha interpretación es consecuencia de un proceso dinámico que condiciona el acto comunicativo del que forma parte y según el cual se interpreta; y que, al mismo tiempo, se ve condicionado por los aspectos lingüísticos y extralingüísticos que lo acompañan. Por consiguiente, su función está en constante cambio y se renegocia en cada emisión:

> el significado pragmático más adecuado y relevante en cada contexto resultará de un proceso dinámico que no se construye solo a partir de supuestos anteriores y cuya posible ambigüedad pragmática se resolverá utilizando la situación y el entorno en el que se produce la ausencia de habla (Camargo y Méndez 2014a: 36).

Por esa razón, el ejercicio de desambiguación necesario para su inferencia debe evaluar el contexto lingüístico y extralingüístico, la relación social y el *entorno cognitivo común*. Solo de ese modo se resuelven la ambigüedad y la polivalencia del silencio en la comunicación. Los malentendidos surgirán allí donde el oyente no haya podido llevar a cabo ese proceso mental o no haya querido hacerlo (Camargo y Méndez 2014a; Méndez 2014a, 2023).

En los casos en los que el silencio presenta propiedades de dos o más funciones comunicativas o que tiene significados vagos e imprecisos, el contexto sirve de guía para la interpretación más adecuada, al poner en un primer plano la más plausible y hacer pasar a un segundo plano otras posibilidades (Méndez y Camargo 2015a). Como se verá en el capítulo 6 (§II. El silencio como signo prototípico y periférico), las funciones pragmáticas del silencio son categorías abiertas y no están totalmente delimitadas. Eso provoca que algunas de sus funciones comunicativas estén muy cerca de otras y que sus significados compartan propiedades con otras categorías limítrofes. En los casos en los que esto ocurre, nos referimos a esa función como *periférica* frente a la función inequívoca a la que consideramos *prototípica* (§II. El silencio como signo prototípico y periférico).

Desde esta perspectiva, el silencio ha de verse, pues, como un elemento que forma parte de un discurso conectado y cambiante, dependiente del contexto en su sentido más amplio. Así, cada silencio influye y se ve influido por todos los elementos lingüísticos y extralingüísticos que aparecen junto a él y al interpretarlo es necesario atender todos estos elementos. La clave está en «desentrañar su potencial capacidad para condicionar y verse condicionado por el contexto en el que aparece y su capacidad de conectarse con otras partes del discurso» (Méndez y Camargo 2015b: 436). Solo si el hablante consigue encontrar una conexión entre la información nueva y la ya conocida, es posible tener éxito en el proceso inferencial y desentrañar su función.

II. Los *MARCOS DE SIGNIFICACIÓN* DEL SILENCIO

El contexto, desde una perspectiva dinámica, puede entenderse también como el lugar en el que se producen ciertas actividades o acontecimientos interpretables, asociados a *marcos de significación* (Verschueren 1999). Estos marcos priorizan unas inferencias sobre otras, contribuyendo a la interpretación de los signos comunicativos verbales y no verbales que aparecen en un contexto particular. Para Verschueren, cada actividad o acontecimiento de habla presenta un esquema típico, dentro de la variabilidad y estabilidad que proporciona el contexto, que hace posible recurrir a los marcos de significado o significación, que resultan probables y que han sido consensuados por los hablantes para esas situaciones.

Dichos marcos atribuyen propiedades y significados estables a realidades o situaciones contextuales inestables, que suelen ser relevantes en la interpretación, pues guían a los hablantes entre las inferencias más probables en esos acontecimientos o actividades de habla. Eso no quita que en algunos momentos las enunciaciones de los participantes en el acontecimiento de habla desafíen el marco de significado y presenten un significado no esperable en esa situación. En ese momento, deberá realizarse un mayor esfuerzo inferencial a partir de otras claves que aparezcan en el contexto para lograr la interpretación del mensaje. El establecimiento del marco de significación es una acción consensuada y de conocimiento general por parte de los hablantes de una comunidad en la que se tienen en cuenta el contexto, los saberes compartidos y el rol de los participantes, entre otros.

En la dinámica comunicativa, los elementos discursivos presentan un comportamiento e interpretación esperables o preferidos. Eso provoca que una parte considerable del significado pragmático del silencio en un intercambio comunicativo sea reconocible dentro de un contexto de acción. Ese significado, no obstante, tendrá un carácter flexible, al igual que el resto de los elementos comunicativos, y podrá ser matizado y, directamente, reinterpretado en la dinámica interactiva.

Cuando las expectativas sobre la interpretación del silencio en un contexto se rompen, debe buscarse otra interpretación entre todas las posibles. Para hacerlo, hay que examinar de nuevo el contexto lingüístico y sociosituacional. Desde esta consideración, por tanto, cada contexto pone a disposición de los hablantes el significado o significados más plausibles del silencio en esa situación comunicativa y deja en segundo plano o en un nivel menor de interpretación los significados no esperables o despreferidos en esas dinámicas o marcos de significación. De lo anterior, se desprende que los silencios presentan una interpretación preferente en determinadas situaciones comunicativas que, tras examinar el contexto en todas sus dimensiones, es confirmada o no. Sin embargo, esa interpretación, como decimos, es dinámica, y podrá reconsiderarse, ya que siempre estará sujeta al cotexto de la enunciación.

Los marcos de significación se relacionan, pues, con los esquemas o estructuras cognitivas que organizan la comprensión y producción del lenguaje. Estos marcos de significación representan conocimientos y expectativas previas que los hablantes y oyentes tienen sobre los diversos aspectos del mundo y sobre cómo estos se relacionan entre sí. Así, los marcos de significación ayudan a los interlocutores a interpretar y atribuir significado a los enunciados en función de un entorno cognitivo común de los hablantes que tiene en cuenta sus experiencias y conocimientos previos. Estos marcos de significación proporcionan a los participantes en el discurso un marco cognitivo que les permite identificar y comprender la información relevante en una situación comunicativa determinada.

Las implicaturas pragmáticas del silencio se ubican, por tanto, dentro de una serie de *marcos de significación* relevantes para ese contexto, construidos a partir de la aplicación de reglas y convenciones comunicativas y del contexto de producción. Esto supone que dichos marcos ponen a disposición de los hablantes el conjunto de conocimientos, expectativas y estructuras cognitivas compartidas para interpretar y atribuir al menos una función comunicativa a estos signos. Dichos marcos proporcionan, pues, un contexto mental imprescindible para la comprensión pragmática y la atribución de significados comunicativos.

Como se explicó en el primer capítulo (§I. Propiedades pragmáticas del silencio), el silencio es un elemento que puede cumplir o no con los supuestos de los hablantes y con las expectativas que se crean en torno a sus interlocutores y al acto comunicativo. Cuando el silencio no es esperado por un grupo de hablantes en el contexto de producción, se considera un *silencio marcado* y, cuando dicho signo paralingüístico coincide con las expectativas creadas en ese contexto, se hace referencia a él como un *silencio no marcado* (Farrell 2008). Por ende, puede deducirse que existen silencios o usos del silencio habituales o esperables para cada grupo de hablantes que pueden conllevar, además, una interpretación más rápida para el oyente por ser conocidos y esperados.

Dicho de otro modo, los silencios, si responden a las expectativas de los hablantes en un contexto concreto y forman parte de las convenciones del grupo, podrán dejar huellas pragmáticas que permitan relacionarlos más fácilmente con ciertos significados. Huelga decir que la interpretación pragmática de este tipo de silencios, a pesar de poder asociarse y depender, en cierto modo, de los usos habituales que hacen los hablantes de ellos, también estará siempre sujeta, como se ha dicho ya, a la revisión contextual y una cancelación posible.

Levinson (2000) ha relacionado esta idea con lo que llama *interpretaciones presumibles* (§V. Las implicaturas del silencio. Entre lo contextual y lo presumible), según las cuales existen para el silencio convenciones de uso que agilizan el trabajo inferencial, asociadas a las implicaturas que el uso ha extendido y hecho más habituales y previsibles. De ese modo, los hablantes pueden ahorrar esfuerzo y tiempo de interpretación en ciertos momentos de una actuación pragmática. Los hablantes, en su ejercicio cognitivo, tienen en cuenta cualquiera de los factores del contexto discursivo mencionados a continuación para la extracción de las implicaturas (Méndez 2014a):

1. El contexto espaciotemporal
2. La base discursiva común constituida a partir de los signos verbales y no verbales anteriores, simultáneos o posteriores que aparecen en el discurso, así como sus motivaciones e intenciones
3. La relación social de los participantes
4. Los conocimientos previos, compartidos o interpretables
5. Procesos cognitivos (presuposiciones, implicaturas…)
6. Las convenciones lingüísticas y culturales de la lengua

En definitiva, el silencio es un elemento dinámico en español, que forma parte de un discurso conectado y cambiante, y cuyo proceso inferencial requiere la evaluación del contexto en sentido amplio. Esto es consecuencia de la revisión contextual a la que obliga cada nuevo silencio, y también cada palabra o cada gesto, en el discurso que está teniendo lugar. Este planteamiento permite comprender fácilmente por qué los hablantes continúan calibrando los enunciados anteriores y reinterpretan en determinados momentos la fuerza ilocutiva de los mensajes. También ofrece una explicación para los actos comunicativos verbales y no verbales que no se interpretan plenamente en el momento de su producción, como ocurre a veces con el silencio, pero que los hablantes esperan inferir con más o menos dificultad a lo largo de la enunciación. El esfuerzo inferencial, como se ha visto también, será diferente si el uso ha extendido la función del silencio y los hablantes de un determinado grupo presumen su posible significado en determinada situación.

Capítulo 5
La vertiente cognitiva: percepción e interpretación del silencio

Cuando nos comunicamos, nuestra mente se ve envuelta en una serie de procesos cognitivos que hacen posible la planificación del discurso, es decir, la elección de los recursos lingüísticos, la producción del mensaje, la percepción de la información por parte del oyente, la interpretación de las intenciones del emisor y la comprensión del enunciado, entre muchas otras cosas. La forma en que se organizan y coordinan dichos procesos es clave para obtener el éxito comunicativo. También resulta fundamental la elección de los recursos comunicativos que hacen los hablantes. Esta cuestión afecta claramente a la fuerza ilocutiva de los mensajes y a la interpretación que se realiza de ellos.

Por ejemplo, si decido utilizar un silencio para expresar la función comunicativa de disentir puedo estar comunicando, además del desacuerdo, la intención de mostrarme prudente o de querer atenuar la fuerza ilocutiva de mi acto comunicativo. Ese silencio, que probablemente habré escogido basándome en las convenciones de mi lengua y mi cultura, el contexto, la base discursiva común con mi interlocutor y mis preferencias personales y las del grupo al que pertenezco, me ofrece unas posibilidades comunicativas que difieren a las que presentan otros signos. Supongamos ahora que recurro a un enunciado verbal del tipo *pues no estoy de acuerdo* para expresar la misma función comunicativa de disentir. En este caso, como se habrá observado, se ven implicadas, además de la disensión, otras funciones que difieren de las expresadas a través del silencio, pero que al mismo tiempo me ofrecen otras posibilidades comunicativas adicionales.

A la luz del caso explicado, parece bastante evidente que las elecciones verbales y no verbales que se realizan para expresar las funciones comunicativas inciden en los mensajes y en las intenciones que tienen los hablantes al expresarlos. Los individuos, al dotar el enunciado de ilocución, tienen en cuenta los signos verbales y no verbales de los que disponen para expresar su propósito y los seleccionan en función del contexto y el cotexto, sus preferencias e intenciones, de las convenciones lingüísticas y de sus expectativas socioculturales (§III. El silencio en el *continuum* comunicativo). El significado completo del mensaje se construye entre los hablantes, como se ha visto, en cada interacción dinámica y dentro de un contexto sociocultural específico. Ello se consigue gracias a la experiencia de los hablantes, tanto en la observación como en la participación en prácticas comunicativas, en el marco de una comunidad lingüística y sociocultural.

Si ha sido posible asignar varias funciones comunicativas al silencio del ejemplo anterior es porque este signo, al igual que ocurre con otros, no puede vincularse a una función o categoría cerrada o estanca. Los signos lingüísticos, en realidad, forman parte de un *continuum* comunicativo cuyas funciones presentan límites borrosos y poco definidos. Por esta razón, es posible encontrar signos que se encuentran en los límites entre funciones y presentan implicaturas de otras al mismo tiempo.

I. **LAS CATEGORÍAS NO DISCRETAS DEL SILENCIO**

Un asunto crucial, relativo a la cognición, que afecta a la percepción y la interpretación del silencio es el que tiene que ver con las categorías o funciones comunicativas del silencio y con su organización en función de la lengua y del grupo social. Estas funciones, como se ha visto hasta aquí, dependen, entre otras cosas, de la base común dinámica de la enunciación, de los marcos de significación, de los valores culturales asignados por el grupo, de las convenciones lingüísticas y del contexto en que se produzcan en cada caso. Dado que el silencio realiza distintas funciones y que estas no siempre están claras por el alto número de implicaturas que puede presentar, más débiles o más fuertes según el caso (§V. Las implicaturas del silencio. Entre lo contextual y lo presumible); el tipo de organización que plantea la lingüística cognitiva resulta muy ventajoso para explicar su funcionamiento, algo que no sería posible hacer partiendo de un marco de categorización estático (Méndez 2014a, 2023).

Desde la *Teoría de los prototipos,* se ha explicado que las categorías lingüísticas no son estancas y ni tienen significados completamente delimitados. Según este enfoque, las categorías lingüísticas, en realidad, son difusas, no discretas y están muy cerca las unas de las otras, puesto que en algunos casos comparten propiedades entre sí. Las funciones comunicativas de los silencios, como se verá, responden a comportamientos de este tipo, alejados de la concepción clásica de las categorías y más próximos a los que presenta esta teoría. Muchas de las clases de silencios presentarán, pues, aires de familia, con propiedades de varias funciones, lo que explicará su valor plurifuncional en algunos contextos y, al mismo tiempo, complicará en ciertos momentos la labor de catalogación en el plano funcional (§I. Las categorías no discretas del silencio).

La consideración de las categorías o funciones lingüísticas que plantea la *Teoría de los prototipos* es flexible, puesto que no existen características o criterios esenciales para ellas. Wittgenstein (1987) se refiere a los criterios o propiedades de la función como rasgos fijados por la convención (*carácter metodológico*). De ahí que cuando queremos explicar el significado de determinado silencio o palabra lo hagamos indicando para qué lo usamos y demos ejemplos de su aplicación. Y de ahí también que esos significados o funciones comunicativas varíen en las distintas lenguas y grupos de hablantes, ya que están fijados por la convención lingüística y sociocultural.

Otro aspecto fundamental de esta teoría que permite explicar la naturaleza del silencio pragmático en español es que la idea de *prototipo* es flexible y depende del contexto. Es decir, el elemento prototípico de una clase, categoría o función puede cambiar según el contexto, la cultura, el grupo de hablantes, la experiencia individual o la construcción compartida que se haga del significado con el interlocutor. Se ha considerado que los prototipos tienen un impacto en la percepción y reconocimiento del significado. Dicho de otro modo, se piensa que los casos que se asemejan más al prototipo suelen ser más reconocibles y fácilmente interpretables por los hablantes. Pero eso no implica que estos sean los únicos que se utilizan en la interacción. Es más, el hecho de usar signos comunicativos menos prototípicos o más periféricos como, por ejemplo, un silencio que funcione como atenuador y acto disentivo al mismo tiempo permite al hablante proporcionar a su interlocutor más información con menor esfuerzo, en resumidas cuentas, le permite ser más relevante en determinados momentos.

Así pues, este planteamiento ofrece una visión más flexible y dinámica de las categorías, ya que estas no tienen límites estrictos y precisos, sino que pueden expandirse hasta los confines de otras categorías o funciones. El *grado de tipicidad* (§III. Grado de pertenencia del silencio a su categoría o función pragmática) de un silencio respecto a una categoría o función se establecerá en virtud del nivel en que represente dicho silencio a la función y lo cercano o alejado que se muestre este signo de otras funciones. Por consiguiente, a los signos comunicativos se les pueden asignar grados de representatividad de la función dependiendo del momento en que se produzcan. Cuando estos signos estén cerca de sus prototipos condensarán o representarán mejor la esencia o propiedades de la categoría, mientras que cuando su significado no esté tan claro porque se entremezcle con otras funciones el grado de representatividad de la función será menor.

Entre las categorías lingüísticas, además, se suelen producir superposiciones de rasgos o propiedades que permiten hablar de *relaciones de familia* entre ellas. Tal y como se explicó en el primer capítulo del libro (§III. El *continuum* comunicativo verbal y no verbal), los signos verbales y no verbales presentan rasgos dependientes que llevan a que sus funciones se solapen. La lingüística cognitiva defiende el carácter continuo y no discreto de las categorías lingüísticas, pues entiende que están en contacto dentro del *continuum* general de la comunicación humana y que los miembros integrantes de cada una no son equivalentes, ya que hay algunos, los más elementales o los más empleados en cada cultura, que son más focales o prototípicos.

Las propiedades constituyentes del prototipo no pueden ser simples datos enciclopédicos, sino que deben presentar una cierta pertinencia lingüística. Esta pertinencia lingüística se obtiene mediante un juego de relaciones paradigmáticas y sintagmáticas, lo que impide su consideración como entidades aisladas o completamente separadas. Así, las palabras, los sonidos, los silencios y los gestos se relacionan entre sí durante la producción del lenguaje y están taxonómicamente organizadas en la mente de los individuos en forma de redes comunicativas que cumplen ciertas funciones comunicativas en determinados contextos. Dichos elementos se constituyen jerárquicamente a partir de una red de oposiciones de significado o rasgos distintivos subyacentes a la manifestación lingüística llamados *modelos cognitivos idealizados* (Fauconnier y Turner 2002). Los modelos cognitivos son estructuras mentales que activan determinados recursos lingüísticos en escenarios concretos, según los hablantes y las lenguas, para construir los mensajes y que estos puedan procesarse correctamente. Estos modelos cognitivos contemplan los usos prototípicos y periféricos de las lenguas y marcos de significación del discurso y permiten a los hablantes categorizar, organizar y atribuir significado a los elementos lingüísticos.

Los modelos cognitivos, al igual que los prototipos, no son estáticos, sino que pueden verse modificados y adaptados en función del contexto y las necesidades comunicativas. Los hablantes pueden ajustar y reorganizar los modelos cognitivos para enfocarse en aspectos específicos de la situación o para expresar ciertos significados de manera más efectiva. Dicho de otro modo, los hablantes pueden adaptar sus modelos cognitivos para tener en cuenta las características particulares de una situación comunicativa, como el contexto, los participantes, el propósito de la comunicación, entre otros aspectos relevantes. Esto implica seleccionar y destacar ciertos aspectos del modelo cognitivo general y descartar o minimizar otros que no sean pertinentes en ese contexto. Además, los hablantes también pueden reorganizar los modelos cognitivos para expresar algunos significados de manera más efectiva. Esto supone seleccionar y presentar información de manera que se ajuste a las expectativas comunicativas, permitiendo una mejor comprensión y una comunicación efectiva.

Volviendo a la idea del prototipo, no es necesario que un referente tenga un conjunto de rasgos necesarios y suficientes para ser denotado. Más bien lo deseable es que el referente aglutine el mayor conjunto de rasgos que, tomados conjuntamente, aseguren su reconocimiento como miembro de la categoría en cuestión (Wierzbicka 1985). En ocasiones, como ya señaló Coseriu (1990), se ha confundido *significado* con *variante,* cuestión que resulta problemática. Por tanto, lo ideal es delimitar los significados expresados por una misma expresión para que cada significado pueda ser entendido como una categoría y puedan estudiarse los signos comunicativos que mejor representan a la categoría o función (Cienki 2005; Méndez 2014a; Kok *et al.* 2016).

Lo expresado hasta aquí permite comprender mejor la idea de por qué existen numerosas conexiones entre las distintas funciones del silencio y por qué es relativamente sencillo pasar de unos signos comunicativos a otros, o utilizar varios a la vez, para expresar una misma función comunicativa. Como se ha explicado, serán las modulaciones que experimente la interacción y la actitud e intención de los hablantes implicados en el acto comunicativo las que harán posible que se produzcan dichas conexiones entre signos.

II. El silencio como signo prototípico y periférico

Desde la pragmática, se ha explicado que las personas de una misma cultura comparten convenciones lingüísticas que les hacen establecer categorías similares o iguales para los mismos referentes. Las propiedades que presentan las categorías comunicativas no pueden ser vistas como condiciones necesarias y suficientes que han de reunir todos los miembros de la función o clase para poder formar parte de ella, sino que unos miembros las cumplirán más que otros. Los integrantes de la función conformarán un *continuum*, en cuyos extremos se hallarán otras funciones a las que les unan *semejanzas de familia* (Rosch 1973). Los silencios podrán relacionarse con una categoría y situarse en un lugar más prototípico o periférico del *continuum*, dependiendo de las propiedades que presenten de su función y de las colindantes.

El grado de pertenencia del silencio a una clase dependerá de que el silencio en cuestión, como decimos, cumpla con ciertos parámetros o *criterios de pertenencia* (Lakoff 1987) establecidos para esa función. Una vez catalogado el silencio como miembro de una clase, habrá que medir su *grado de prototipicidad o representatividad*. De acuerdo con Martos (2010), esto puede hacerse a partir de los criterios de *frecuencia, calidad, acumulación, distancia* y *conmutabilidad* que presenten las propiedades o rasgos de la función en cada realización (Méndez 2014a):

> frecuencia: cuando el silencio presente rasgos que habitualmente se observan en una determinada función comunicativa, podrá considerarse que dicho silencio es un signo más prototípico de la función.
>
> calidad: cuando un rasgo o atributo que posee el silencio conduce a una inferencia más rápida o fácil que otros rasgos, se considerará que está más cerca del prototipo.
>
> acumulación: cuando un silencio acumule varios de los rasgos o atributos asignados a la categoría o función, se pensará que este signo paralingüístico está más cerca del prototipo comunicativo de la función.
>
> distancia: cuanto más alejado esté un silencio, por sus rasgos y propiedades, de otros signos considerados periféricos, más cercano se considerará del prototipo.
>
> conmutabilidad: cuanto menos pueda relacionarse el silencio con otra función pragmática y más inequívoca sea su interpretación, más cercano estará al prototipo.

Ya se ha visto que la interpretación pragmática solo puede hacerse a partir de las convenciones lingüísticas y sociales que comparten los hablantes. Estas convenciones permiten establecer categorizaciones que producen clases cognitivas o conceptos mentales más o menos convencionalizados que se almacenan en su mente. El proceso de categorización, como explican Cuenca e Hilferty (1999), se lleva a cabo mediante operaciones cognitivas complejas y elementales de generalización, que obvian las diferencias entre entidades y las agrupan según sus semejanzas; y de discriminación, que insisten en los rasgos diferenciales de dos o más entidades con la finalidad de no confundirlas entre sí.

Estas categorías, compartidas por un grupo de hablantes, son fundamentales en los procesos de comprensión y producción lingüística. Sin embargo, son conceptos variables y dinámicos según su contexto y la base común, de modo que hay que entenderlos de manera flexible. Esta postura cognitiva en la categorización funcional del silencio nos permite mostrar que: (1) en los actos silenciosos intervienen capacidades cognitivas generales; y (2) su producción lingüística es la manifestación de estructuras conceptuales subyacentes. Por consiguiente, los hablantes organizan el conocimiento valiéndose de estructuras mentales, surgidas de convenciones, a las que se denomina *modelos cognitivos idealizados* (Lakoff 1987; Kleiber 1995), que se hallan en el origen de la constitución de las categorías y de los efectos prototípicos.

En este sentido, la *Teoría de los prototipos* resulta de gran utilidad por varias razones: en primer lugar, por dar la posibilidad de explicar la calidad polivalente y plurifuncional de los actos silenciosos en la interacción, reconociendo las funciones más prototípicas y fácilmente reconocibles y las funciones más periféricas, según el caso, que pueden asociarse con los distintos tipos de implicaturas del silencio en cada situación comunicativa; también por permitir delimitar su funcionalidad pragmática sin necesidad de definir completamente sus fronteras y reconociendo las semejanzas de familia que existen entre algunos de estos signos; y, por último, por facilitar la identificación de las características o rasgos que definen a cada miembro de la clase en función de su prototipicidad.

En el capítulo 6, se presentan los resultados de un estudio que nos ha permitido establecer algunas de las principales categorías pragmáticas del silencio en la conversación coloquial en español (Méndez 2014a) (§II. Funciones pragmáticas del silencio). Asimismo, se muestra en qué grado los silencios se constituyen como elementos prototípicos de dichas funciones (§III. Grado de pertenencia del silencio a su categoría o función pragmática). En la propuesta, se han tenido en cuenta los ejemplares ideales de la clase y los miembros menos destacados o periféricos, en los límites de la categoría, que solo comparten ciertas propiedades con el prototipo. A medida que disminuya el grado de pertenencia a la clase, la función y sus límites se irán difuminando y los silencios que se encuentren próximos a esos límites representarán menos nítidamente a la clase o función. En estos casos, será posible, asimismo, que los silencios aglutinen rasgos o propiedades de otras funciones limítrofes, lo cual les concederá un carácter plurifuncional. Las funciones que se vean mejor representadas en el silencio podrán relacionarse con las funciones más claramente expresadas por el signo en ese contexto y las que presenten menos rasgos o estos sean menos representativos de la función se considerarán menos claras o más débiles en dicha realización.

También se presentan en el próximo capítulo las propiedades asignadas a las distintas funciones del silencio en español. Estas propiedades han sido establecidas a partir del análisis de un corpus conversacional de 20 horas de duración en el que se han analizado 1069 silencios (Méndez 2014a). Todo ello con el objetivo de determinar las propiedades más o menos relevantes que presentan los silencios y que permiten su inclusión en una determinada función. En resumidas cuentas, como se verá, se propone un modelo para: (1) establecer las funciones comunicativas o pragmáticas del silencio a partir de unos criterios de pertenencia; y (2) localizar el prototipo de cada función y los miembros periféricos o más alejados del foco, que son limítrofes a otras categorías o funciones comunicativas del silencio. Antes de acabar la explicación sobre la vertiente cognitiva del silencio, no obstante, es necesario reflexionar sobre el papel que ocupa el silencio en el *continuum* comunicativo que engloba los signos verbales y no verbales presentes en la interacción en relación con las funciones pragmáticas del lenguaje.

III. EL SILENCIO EN EL *CONTINUUM* COMUNICATIVO

Otra aportación teórica esencial de la lingüística cognitiva, que está claramente relacionada con la de los efectos prototípicos del silencio, es la que plantea Lakoff sobre la pertenencia de las categorías lingüísticas a un *continuum* comunicativo. Si se aplica esta concepción al tema que nos ocupa, podría pensarse que los silencios forman un entramado de unidades, constituido en torno a sus funciones comunicativas. De este modo, el silencio se erige como signo encadenado a un conjunto de funciones pragmáticas. No hay que olvidar que la organización interna de las categorías lingüísticas depende siempre de su organización externa, también conocida como *eje vertical* (Kleiber 1995). Así pues, es imprescindible distinguir entre la organización intercategorial de pertenencia y la organización intracategorial, ya que de lo contario no se puede hablar, propiamente, de una organización categorial de los elementos lingüísticos (Dubois 1991; Méndez 2014a).

Así, puede entenderse, por una parte, que las categorías o funciones comunicativas forman parte de un *continuum* comunicativo en el que los signos comunicativos son seleccionados para realizar dicha función. Pero, por otra parte, también puede hablarse de un *continuum* multimodal que abarca las formas lingüísticas (verbales y no verbales) que tiene una lengua. Esta idea viene reforzada por el hecho, ya comentado y observado en varios estudios, de que entre las funciones comunicativas existen conexiones que propician que se pase de una a otra con mucha facilidad en los intercambios comunicativos cotidianos y entre los signos lingüísticos también existen esas conexiones que hacen que puedan intercambiarse en determinados momentos (Camargo y Méndez 2014a; Méndez 2013b, 2023) (§III. El *continuum* comunicativo verbal y no verbal).

Por lo visto hasta aquí, no es posible concebir la comunicación como una mera suma de unidades lingüísticas verbales y no verbales o como una pura yuxtaposición de elementos que siguen las reglas impuestas por la lengua. La forma lingüística no tiene otro cometido que vehicular el significado. Su misión consiste en permitir la comprensión desambiguada del contenido pragmático, gracias a la incidencia del componente pragmático-cognitivo que necesariamente comporta.

Esta organización no es en absoluto perfecta ni matemática, pero responde a unos patrones lingüísticos más o menos consensuados por el grupo de hablantes. Dichos hablantes, una vez que tienen clara la intención pragmática de su mensaje, seleccionan el mecanismo pragmático verbal o no verbal que, por su pertinencia lingüística y por la identidad social y/o grupal de los hablantes, piensan que mejor o más claramente va a trasmitir dicha intención comunicativa (Camargo y Méndez 2014b; Méndez 2014a). Por tanto, hay que reconocer que es difícil determinar cuándo va a aparecer un silencio en la conversación, pues su frecuencia está determinada por las convenciones lingüísticas, el grupo de hablantes, el contexto y el tema de conversación, entre otros.

Capítulo 6
Las funciones comunicativas del silencio en español

Los signos lingüísticos, como el silencio, se aglutinan en torno a funciones o categorías comunicativas establecidas mediante la cognición. Estos signos verbales y no verbales forman parte de una red mental conectada entre sí que, durante la interacción, utilizan los hablantes para expresar las funciones comunicativas. La producción e interpretación de estos signos se realiza a partir de procesos mentales que se ajustan a las normas y convenciones lingüísticas y socioculturales de los grupos de hablantes. A partir de este planteamiento, se considera que las funciones comunicativas no existen de forma aislada, sino que están interconectadas, dando lugar a un *continuum*, en el que los hablantes seleccionan en su red el signo o signos más relevantes en cada caso entre los que cumplen una determinada función. Este tipo de actuación permite explicar las elecciones lingüísticas que realizan los hablantes para comunicar una función. Dichas elecciones, como se está viendo, dependen de las conexiones y asociaciones mentales que hagan los hablantes en cada momento con base en las convenciones de su lengua y de su grupo social.

Al producir una función pragmática específica, por ende, los hablantes activan los esquemas mentales que tienen asociados a dicha función. Esos esquemas contienen información sobre el propósito de la función, los signos y estructuras lingüísticas disponibles para realizarla y las convenciones socioculturales de los hablantes que participan en la interacción. Esto implica que, aunque las funciones comunicativas presentan características distintivas, el modo en que se utilizan no es rígido o fijo, puesto que, durante la comunicación, los interlocutores calibran, negocian y coordinan los usos lingüísticos que realizan asociados a una función. Esta negociación se basa en la exposición, contraste y adaptación de los recursos lingüísticos a los hablantes y a la base común discursiva. Las expectativas que tengan los hablantes y la retroalimentación que se den entre sí serán claves en la elección de los signos comunicativos.

Como se está viendo, este planteamiento tiene en cuenta la perspectiva del receptor. La *Teoría de la mente* permite adaptar las elecciones lingüísticas del hablante para trasmitir información e influir sobre los demás. Por consiguiente, durante la interacción, la mente de los individuos realiza inferencias para llenar los vacíos de información y construir una interpretación acertada de las funciones comunicativas que realizan los distintos signos lingüísticos. La organización mental de los recursos lingüísticos disponibles para una determinada función implica considerar la información disponible, realizar elecciones basadas en el contexto dinámico y en las pistas proporcionadas, y asegurarse de que el mensaje sea relevante para el interlocutor. Esto supone conocer y tener en cuenta las posibilidades lingüísticas de cada función pragmática y ponerlas a disposición de la comunicación, atendiendo nuestros intereses e intenciones y las de nuestro interlocutor. Al interactuar con otros, la mente tiende a percibir y asignar roles comunicativos a los participantes en la conversación. Estos roles pueden incluir el de hablante principal, oyente receptivo, mediador, entre otros. La percepción de estos roles, asimismo, puede influir en cómo se organizan y utilizan las funciones comunicativas, ya que cada rol puede requerir una realización particular de las funciones comunicativas.

Otros factores como el contexto, la competencia comunicativa y las convenciones (extra)lingüísticas también influyen en la jerarquización, elección y uso de los recursos verbales y no verbales. Eso no impide que algunos hablantes puedan tener unas preferencias en la elección de los signos o modos lingüísticos parcialmente diferentes a las de otros individuos de su mismo grupo. Esas elecciones personales explican que, en ocasiones, consideremos más calladas a unas personas que a otras a pesar de pertenecer a la misma cultura, sexo o tener una edad similar. A medida que los hablantes van adquiriendo las habilidades comunicativas, desarrollan también su capacidad metacognitiva para reflexionar sobre las propias elecciones lingüísticas y ajustar los supuestos y expectativas que otorgan a sus interlocutores. Todo ello sin perder nunca de vista los intereses propios, es decir, la intención comunicativa que tienen en casa momento.

Desde la óptica cognitivista, como se ha visto, la interpretación del silencio puede explicarse como el resultado de una combinación de varias operaciones mentales estratégicas: por un lado, el destinatario evalúa el contexto dinámico y toda la información pragmática con la que cuenta para dar sentido o interpretar el significado no literal del acto silencioso y, por otra parte, activa el conocimiento convencionalizado de los usos del lenguaje que ha adquirido en el transcurso de su vida, así como los significados más o menos estables que reconoce de algunas funciones pragmáticas del silencio. Durante el procesamiento cognitivo, en muchos casos, el destinatario o evaluador del silencio recurrirá a la metarrepresentación del silencio con el fin de reconocer cuál es la intención comunicativa que le asigna el emisor. De acuerdo con Gallardo (2005: 67), «la interpretación requiere de una interacción coordinada entre el hablante y el destinatario para co-construir dichos significados, una especie de ajuste dinámico y simultáneo a fin de lograr precisar lo comunicado». Ello requiere que el destinatario represente mentalmente la actuación de su interlocutor con el fin de interpretarla correctamente. El rol del oyente es, por consiguiente, crucial en la elección de los signos, puesto que si el emisor sospecha que su interlocutor no va a comprenderlo si recurre a determinado signo quizás decida no utilizarlo.

I. LA PLURIFUNCIONALIDAD DEL SILENCIO

Mucho se ha escrito sobre la idea de que los signos lingüísticos, por norma general, son susceptibles a más de una interpretación. La lingüística tradicional ha atribuido esta circunstancia, en unos casos, al significante por presentar diferentes representaciones verbales y no verbales para referirse a un significado concreto; y, en otras, al propio significado por permitir o tolerar varios significados para un mismo significante (Saussure 1970).

A pesar de que los usuarios de una lengua conocen este principio, a la hora de interpretar un silencio la cuestión parece complicarse. Como ya se apuntaba en la introducción del segundo capítulo, los actos silenciosos presentan siempre un mismo significante o forma lingüística: la ausencia de palabra. En estos casos, es únicamente el significado el que puede cambiar en función de la intención comunicativa de los hablantes, ya que el significante permanece igual y solo varía en su duración. El problema está en que no todos los posibles significados del silencio están relacionados entre sí. Ciertamente, como se verá, hay algunas funciones de los actos silenciosos que parecen estar muy relacionadas (como la atenuación y prudencia, la aprobación y afirmación o la disensión y respuesta despreferida…); pero hay otros casos que no guardan tanta relación entre sí (reformulación, resistencia, ironía, desconocimiento, petición de atención…). Esta cuestión dificulta la tarea de inferencia y abre la puerta a posibilidades de interpretación muy dispares que no siempre serán recuperadas correctamente por los oyentes.

Del silencio se ha dicho que es un signo ambiguo por su carácter vago e impreciso y que está sometido a una *decodificación aberrante*. También, se ha observado que su ambigüedad «puede hacer que la interpretación sea imposible o incorrecta, ya que puede actuar como un ruido en el canal comunicativo» (Terrón 1992: 332). La ambigüedad del silencio en la interacción, según otros estudios, deriva del sentido que den emisor y receptor al acto silencioso: cuanto más ambiguo sea el silencio del emisor, mayor será también la probabilidad de que la interpretación del destinatario sea distinta (Tannen 1993). De acuerdo con Mateu (2001: 231), la *ambigüedad intrínseca* que se achaca a los silencios queda minimizada una vez que este elemento «va acompañado de una situación o contexto precisos». En la mayor parte de los intercambios comunicativos cotidianos, los casos de ambigüedad del silencio son espontáneos e involuntarios. No obstante, hay otros casos en que existe la intención de crear confusión, oscuridad y ambigüedad interpretativa en el uso estratégico que se hace de ellos. Esa es muchas veces la función que se le da al silencio en el discurso político, publicitario y, también, en el humorístico.

A lo largo de este libro, se han dado argumentos para pensar que la fuerza ilocutiva de los actos silenciosos difiere en unos contextos de otros. Como se sabe, la *implicatura* es un tipo de significado inferencial no convencional que se basa en la aplicación de ciertas normas comunicativas de carácter social (Gallardo 2005). En el discurso oral, el silencio presenta diferentes niveles de complejidad interpretativa que se traducen en *implicaturas fuertes y débiles*. Desde sus orígenes, la pragmática se ha preguntado cómo el destinatario es capaz de interpretar correctamente lo comunicado cuando va más allá de lo literal. En parte, tal y como apunta Gallardo, ello se debe a que «en muchos casos, las inferencias sobre las cuales descansa el éxito de los actos de habla indirectos se institucionalizan y pasan al bagaje de conocimientos acerca del uso del lenguaje que tiene un hablante». Según la autora, «de esta manera, el proceso de adquisición implicaría aprender a inferir los actos de habla indirectos y almacenar aquellos más convencionales en alguna suerte de conocimiento acerca del uso lingüístico» (Gallardo 2005: 67). Ese conocimiento es captado por el emisor y su destinatario en virtud de un sistema de normas y convenciones compartido.

Como se verá en el siguiente apartado, el silencio se ha relacionado con diversas funciones comunicativas y se han establecido numerosas taxonomías para explicar sus significados. Esta diversidad de clasificaciones y significados pragmáticos que se le han asignado al silencio no hace más que evidenciar su riqueza significativa y plurifuncionalidad. Gran parte de la comunidad científica ha convenido que los actos silencios son elementos que están abiertos a más de una interpretación posible en la interacción, lo cual no impide su inferencia. Por ende, el carácter plurifuncional del silencio no necesariamente induce a error, pues el oyente lo interpreta en relación con el contexto dinámico en el que se produce y a partir de las convenciones compartidas con el emisor.

Ante un silencio interactivo, el destinatario pensará que el emisor le está intentando comunicar algo que debe tener sentido para ambos. Si el silencio cumple una función de forma prototípica y es presumible para el oyente, la inferencia, posiblemente, será rápida. Ahora bien, en el caso en el que el silencio presente propiedades periféricas o rasgos de más de una función pragmática, su procesamiento será más costoso y estará abierto a varias interpretaciones. Aquí será especialmente importante el contexto dinámico discursivo que servirá de guía para la interpretación más adecuada del silencio, al poner en un primer plano la inferencia más plausible y hacer pasar a un segundo plano otras posibilidades. Este proceso dinámico, al no construirse únicamente sobre supuestos anteriores, también posibilitará a los hablantes hacer reinterpretaciones de estos signos, o de cualquier otro, cuando lo estimen oportuno.

Jaworski (1993) se ha referido al silencio como un elemento que requiere de mucha *información de relleno* para llegar a ser interpretado. Otros autores, como Sperber y Wilson (1986), han dicho además que el esfuerzo de procesamiento inferencial que requiere el silencio es mayor que en otras formas de expresión, cuestión que lleva a los investigadores a considerar los actos silenciosos como una de las formas más indirectas en la comunicación. Desde la concepción dinámica presentada en el capítulo 4 de este libro, el silencio es visto por quien lo recibe como un signo comunicativo, vinculado a las convenciones lingüísticas y sociales compartidas con el emisor, que aparece en ese momento concreto de la interacción por ser un signo relevante.

Ahora bien, lo anterior no hace que el silencio sea plenamente interpretado en todas las situaciones comunicativas. Como se ha visto, hay casos en los que el silencio presenta propiedades de varias funciones pragmáticas que dan lugar a dos o más interpretaciones posibles, cuestión que dificulta su comprensión. También pueden producirse situaciones en las que los actos silenciosos tengan significados vagos o imprecisos por estar en el límite de la categoría y contar con implicaturas muy débiles. Por tanto, ante un acto silencioso será necesario realizar un ejercicio de calibración de la interpretación más plausible a partir de la evaluación del contexto, la relación social y el entorno cognitivo común. Los malentendidos, principalmente, surgirán allí donde el oyente no haya podido llevar a cabo ese proceso mental o no haya querido hacerlo.

De lo anterior, se desprende que las funciones del silencio tienen un carácter cognitivo. Estos signos no forman parte de clases cerradas y estables, sino de categorías difusas con límites borrosos que requieren un procesamiento cognitivo por parte del destinatario. Además, que no tengan límites totalmente delimitados provoca también que dichas categorías puedan estar muy cerca las unas de las otras. Por tanto, el silencio podrá tener, en su uso cotidiano, varias implicaturas de forma simultánea que lleguen a dificultar su correcta inferencia. Aunque esta circunstancia también se da en el caso de las palabras o los gestos, parece que, en el silencio, supone un mayor inconveniente. Ello se debe, principalmente, a que los actos silenciosos están sujetos a significados muy diversos. Así pues, su emisión puede generar implicaturas de diversa índole, no siempre acordes con lo que se desea comunicar, que provoquen desviaciones en la correcta interpretación del mensaje.

Como se ha comentado, de todas las implicaturas posibles habrá algunas más fuertes y otras más débiles, esto es, habrá algunas que el oyente recuperará más fácilmente que otras. Siguiendo lo propuesto por Sperber y Wilson (1986), cada silencio evocará en el destinatario implicaturas fuertes, es decir, premisas o conclusiones a las que el oyente se ve fuertemente inducido, pero no forzado, y que suelen coincidir, aunque no siempre, entre los hablantes de una misma comunidad. Y, también, implicaturas más débiles, es decir, sospechas o posibilidades de inferencia menos claras y que dependen más de las particularidades de cada hablante. En el momento en que se produzca un silencio, se iniciará un proceso inferencial para interpretarlo. La información implícita del silencio, que se encuentra en varias capas, unas más perceptibles que otras, deberá ser descifrada por el oyente para inferir el mensaje que implica el silencio. Las fases de interpretación del silencio pueden representarse a través del siguiente esquema:

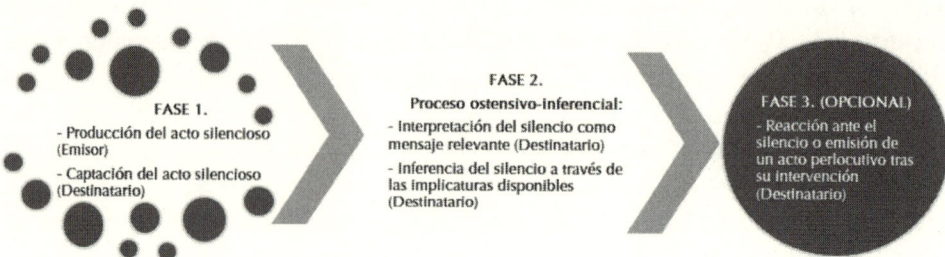

Figura 4. Proceso interpretativo de la función o funciones comunicativas del silencio

De la figura que se acaba de presentar, se desprende que el silencio del orador es percibido por el oyente como parte del mensaje e inferido a partir de la información pragmática con la que cuenta (contexto, aspectos socioculturales, convenciones compartidas...). Esta información permitirá al destinatario determinar una serie de implicaturas más fuertes o más débiles del silencio. Una vez interpretado el silencio se producirá, o no, una reacción ante él. Avanzando un poco más, podría decirse que el silencio se presenta como un signo incapaz, por sí mismo, de determinar cuál de sus posibilidades significativas es la actualizada en un momento dado. Sin embargo, si al acto silencioso que presenta un hablante en un momento concreto le añadimos alguna otra circunstancia (como el contexto u otros signos lingüísticos anteriores o simultáneos), o sea, si tomamos en consideración la presencia de algún otro elemento lingüístico o extralingüístico de la comunicación es posible determinar su significado pragmático en la mayoría de las ocasiones.

II. FUNCIONES PRAGMÁTICAS DEL SILENCIO

El carácter plurifuncional del silencio se ha destacado en numerosas investigaciones. Desde la década de los 70, no han cesado de aparecer estudios que, desde distintos enfoques, han realizado descripciones tipológicas del silencio en la interacción. Como explica Kurzon (2012), al principio las publicaciones eran esporádicas; destacan en este sentido las de Bruneau (1973), Jensen (1973) y Johannesen (1974), pero no fue hasta la mitad de la década de los 80 cuando apareció la primera obra conjunta, editada por Tannen y Saville-Troike (1985), que recogía las principales aportaciones al estudio del silencio del momento. A esta obra le siguió, más de una década después, una segunda colección (Jaworski 1997) que terminó de situar el silencio como elemento de interés lingüístico. Cabe destacar, asimismo, dos estudios monográficos (Jaworski 1993; Kurzon 1997) que fueron publicados en los años 90. En la lingüística hispánica, también surgieron por aquellos años trabajos muy relevantes que situaron al silencio dentro de los estudios de la comunicación no verbal y la conversación española (Poyatos 1994; Cestero 1999). La investigación lingüística del silencio, desde entonces, se ha ampliado, por ejemplo, con los trabajos de Nakane (2007) y Schröter (2013) entre otros, y con una amplia colección de artículos, que se han ido mencionando a lo largo de este libro, que tratan directa o indirectamente el comportamiento de los actos silenciosos en la comunicación.

Entre las principales taxonomías, destaca la propuesta por Kurzon (1997), quien estableció cuatro grandes categorías para los actos silenciosos: *silencios conversacionales* o actos de ausencia de habla intencionados; *silencios temáticos*, relacionados con temas controvertidos (política, religión, machismo…) sobre los que el hablante decide no hablar; *silencios textuales*, en contextos en los que se lee un texto en silencio como en las bibliotecas; y *silencios situacionales*, los que se producen en algunos lugares propicios como tribunales, hospitales, escuelas, campos de batalla, prisiones, funerarias, etc.).

En cuanto a las funciones comunicativas que se han establecido para estos signos en español, Cestero (1999: 30-31) destaca las siguientes: (1) *añadir información al contenido o sentido de un enunciado verbal o matizarlo*, (2) *comunicar sustituyendo al lenguaje verbal*: cuando estos signos aparecen en solitario con un significado propio, (3) *regular la interacción*: cuando actúan como signos que regulan y estructuran la conversación, (4) *subsanar deficiencias verbales* o por desconocimiento de los elementos correspondientes del sistema lingüístico y (5) *favorecer las conversaciones simultáneas*: cuando el uso de estos signos permite mantener más de una conversación a la vez y expresar más de un enunciado de forma simultánea.

Ahora bien, no ha sido hasta bien adentrado el siglo xxi cuando se han realizado los primeros estudios empíricos centrados en el estudio del silencio en la conversación que han permitido establecer una clasificación pragmática sobre el significado del silencio en el discurso oral en español (Méndez 2011, 2014a, 2016, 2023; Camargo y Méndez 2013a, 2014b; Méndez y Camargo 2015b). De acuerdo con estos estudios, se pueden considerar cuatro grandes tipos de silencios en la conversación en español, que se representan en distintas funciones pragmáticas:

— *Silencios discursivos*: actúan como signos discursivos que ponen de manifiesto una especial orientación del acto comunicativo hacia un propósito discursivo: disentir, asentir, mostrar acuerdo, afirmar, atenuar, intensificar, reformular, ironizar… Entre sus funciones pragmáticas se incluyen las de *mostrar acuerdo o desacuerdo, intensificar o atenuar, indicar engaño o enmascaramiento, argumentar/reformular* y *humorizar o ironizar*.

— *Silencios estructuradores*: responden a reglas o principios que organizan, regulan y estructuran la conversación como indicar cambio de turno o de tema, resolver errores de coordinación, señalar una respuesta despreferida y mitigarla o solicitar atención o apoyo. Estos silencios incluyen, al menos, las funciones de *distribuir el turno, marcar respuesta despreferida, indicar errores de coordinación, dinamizar la conversación o cambiar el tema* y *mostrar petición de atención o apoyo*.

— *Silencios epistémicos y psicológicos*: tienen un alto componente emocional, psicológico y cognitivo, pues se ocupan de expresar la evaluación cognitiva de lo dicho: vacilación, cautela, reflexión o el desconocimiento del hablante, así como de trasmitir o indicar su estado emocional. En este grupo se enmarcan las funciones comunicativas de *reflexión o vacilación* (llamadas también *funciones cognitivas*), *por cautela, emocionales* y *transgresoras*.

— *Silencios normativos*: se rigen fuertemente por las convenciones extralingüísticas presentes en la interacción. Funcionan a partir de un sistema de reglas, normas, principios, valores y rituales que un grupo de hablantes determinado acepta y practica en sus interacciones diarias al considerarlos idóneos y pertinentes. Este grupo engloba los *silencios por convenciones situacionales, sociales* y *culturales*.

En las siguientes páginas, se explican con más detalle cada una de las funciones comunicativas del silencio, englobadas en los cuatro tipos presentados anteriormente, que se dan con frecuencia en las situaciones de habla espontánea en contextos informales en español.

1. Silencios discursivos

Los silencios discursivos realizan en ocasiones la función de acuerdo o desacuerdo. En estos casos el silencio actúa como un signo que indica conformidad o disensión del acto comunicativo que se ha producido o se va a producir. En el caso de la función de acuerdo, los silencios se producen con frecuencia en situaciones distendidas entre personas cercanas, como puede apreciarse en (1). Entiéndase que en cada ejemplo serán únicamente objeto de análisis los silencios destacados en negrita. La forma en la que presentaremos los silencios será la siguiente: tres barras y un número entre paréntesis que indica los segundos que dura el silencio: ///(2) = silencio de 2 segundos de duración. El resto de los silencios estará representado de la misma forma en el texto, pero sin negrita. Por último, las pausas (por ser ausencias de habla inferiores a un segundo) se representarán con doble barra: //. Se utilizarán, además, los (:) para indicar alargamiento, el subrayado para los solapamientos y la (?) para los pasajes inciertos de la grabación que no se han podido transcribir. Los ejemplos han sido extraídos de dos corpus de discursos orales: *Corpus Oral Juvenil del Español de Mallorca* (COJEM) (Méndez 2015a) y *Corpus PRESEEA-Palma*. Las funciones aquí presentadas se basan en un estudio realizado sobre 1069 silencios, localizados en conversaciones coloquiales entre españoles jóvenes.

(1) [H11 (mujer) y H12 (hombre) son amigos. Tema: hacen planes para el fin de semana]

(H1): Podemos ir al cine este sábado// ponen la última de Tarantino/ me han dicho que está muy bien

(H2): ///(1,5) ¿y cenamos después?

(H1): como quieras

Aquí se hace efectivo el dicho *quien calla otorga*, pues el hablante con su silencio está indicando a su interlocutor que está dispuesto a aceptar la propuesta que le ha hecho. En el caso de la función de desacuerdo, es habitual que estos silencios se den en contextos o dinámicas menos familiares en los que el tipo de relación social que existe entre los interlocutores es más lejana, como se aprecia en (2).

> **(2)** [La encuestadora (E) y el informante (I) son menores de 25 años y no se conocen. Tema: se encuentran en el taller de coches propiedad del informante y hablan de cómo le está afectando la crisis al negocio en los últimos tiempos]
>
> **(E):** ¿Y te parece que vamos a salir de esta crisis en poco?//¿Que esto va para largo?
> **(I):** mm/ no lo sé/ yo pienso que: mm:
> **(E):** ¿que el cambio de gobierno va a servir para algo?
> **(I):** yo espero que sí/ que sirva pa algo
> **(E):** ///(1) tú esperas "que sirva para algo" (risas=E)
> **(I):** yo espero que sí
> **(E):** ///(1) yo tengo más dudas al respecto///(1) pero bueno
> **(I):** ///(2) a ver
> **(E):** ya veremos// el tiempo lo dirá ¿no?
> **(I):** ///(1) mm// esperemos que sí// que sirva de algo///(1) yo creo que al final que sí que normalmente:///(2) siempre que ha estado este partido/ ya no: ya no: hablo del presidente// porque ese: tampoco es que me caiga muy bien// pero bueno siempre que ha estao: el partido este:// suele ir algo mejor de como suele ir cuando: cuando está el PSOE/ porque:/// (1) te aseguro que menudos años que:// hemos pasao
> **(E):** ///(2) claro es que: a los empresarios os afecta un poquito más

En este caso, el silencio actúa como un signo con propósito disentivo. Por una parte, anuncia que no existe un acuerdo con lo que está expresando el interlocutor y, por otra, pretende reducir el posible efecto negativo o daño sobre la imagen que pueda tener su respuesta.

Los silencios discursivos presentan, además, la función de intensificadores o atenuadores en las situaciones en las que se utilizan para maximizar o minimizar la fuerza ilocutiva de la enunciación. En estas ocasiones, son mecanismos intensificadores elegidos por el hablante para mostrarse más expresivo y sirven para enfatizar o poner de relieve ciertos contenidos de la enunciación. En el ejemplo (3), se observa la función de intensificar:

> **(3)** [H0 (mujer) y H3 (mujer) son amigas, tienen entre 20 y 25 años. Tema: hablan de lo despistada que es H3]
> **H3:** ¡madre mía!///(2) ¡Con la de veces que he habré pasado por aquí!///(1) y yo sin fijarme en el garito ese
> **H0:** yo alucino contigo/ chica// no puede ser que no lo hayas visto hasta ahora

Aquí se aprecia cómo los silencios destacados actúan como intensificadores, su papel es dar una mayor fuerza a las palabras que acompañan para mantener el interés sobre lo que se está comunicando y remarcar su importancia. De acuerdo con Albelda y Briz (2010), son estrategias pragmáticas que maximizan o dan más fuerza a las acciones, opiniones o puntos de vista a la vez que realzan el papel o afectación del yo para lograr una meta prevista. En otros momentos los silencios tienen la intención pragmática-discursiva contraria y se utilizan para atenuar o mitigar la intensidad del acto comunicativo (Albelda y Cestero 2011). En (4) se presenta esta función:

(4) [H13 (mujer) y H14 (hombre) son pareja. Tema: hacen planes de futuro]
(H1): Creo que deberíamos plantearnos lo de comprar un piso// ahora curramos los dos y tenemos algo de dinero/ además es una buena inversión ¿no?
(H2): ///**(2)** hombre una inversión es ///**(2)** lo que no sé si nos estamos precipitando un poco///**(1)** en mi curro no están las cosas para tirar cohetes

Lo que ocurre en (4) es que uno de los hablantes hace uso del silencio para suavizar una reflexión que comparte con su interlocutora, pues posiblemente no será de su agrado.

Los silencios discursivos desempeñan, además, la función de engaño o enmascaramiento, ya que los hablantes recurren a ellos con la intención de ocultar o enmascarar sus pensamientos o sus mensajes y de ese modo impedir que sus interlocutores sepan realmente lo que piensan. Siguiendo la clasificación de Pilleux (1999), se tratan de *mentiras implícitas* o actos de mentir relacionados con la evasión o la desinformación.

(5) [I1 e I2 son profesoras y primas. Tema: están hablando de sus actuales relaciones sentimentales]
I1: si hubiera envejecido con él le seguiría queriendo //
I2: claro //
I1:/ y entonces lo miraría con otros ojos distintos de con los que lo estoy midiendo ahora / que no es / que no hay ningún sentimiento de
I2: ya //
I1:/ por medio //
I2:/ y hay de mucho desamor con lo cual no es obj- o sea/
I1: claro / lo ves con mucha más objetividad//
I2: /no es objetivo ni lo de entonces / ni lo de ahora //
I1: ni lo de ahora/ pero vamos...
I2: pero puede (?) /
I1: claro/
I2:/ puedo hacer un ejercicio de si siguiera enamorada de él / pues probablemente aunque esté viejo / aunque esté calvo / aunque esté no sé qué / pues lo seguiría queriendo /
I1:/ pero como no le quieres /
I2: ///**(1)** eh:
I1: ¿no?
I2: pero eso no lo puedo decir

El silencio aquí responde a una ocultación o enmascaramiento, puesto que la emisora lo utiliza para no dar una información y disimular ante su interlocutora. De esa manera puede ocultar parte de información del tema que se está tratando.

En la conversación, se observan también otro tipo de funciones discursivas que tratan de explicar, aclarar, reformular o rectificar un mensaje anteriormente emitido y a las que muchos autores han asignado valores argumentativos (Anscombre y Ducrot 1983; Moeschler 1985). El silencio también puede funcionar con esta intención de introducir aclaraciones o explicaciones sobre el mensaje. Así pues, esos silencios tienen una función argumentativa.

> **(6)** [H0 (mujer) y H5 (hombre) son amigos, tienen entre 20 y 25 años. Tema: hablan de algunos cambios evolutivos que ha sufrido la lengua española]
> **H5**: la entonación y todo esto// y eso básicamente va: cambiando palabras/ pero por por la entonación ¿no?/ por ejemplo///**(1)** igual que hayan podido///**(1)** como los apellidos que hay/ por ejemplo mi apellido es Monsalves pero puedes encontrar Monsalves/ Monsalvez/ Mozalvez
> **H0**: ya

El hablante, al intuir que algo no queda claro, reformula de nuevo su discurso e intenta introducir aclaraciones o explicaciones adicionales. El silencio tiene, en ese caso, el papel de introductor de esas nuevas argumentaciones. Por tanto, el silencio anuncia y da paso a una aclaración o explicación de lo que se ha querido decir anteriormente y que el hablante cree que es necesaria cuando sospecha que el mensaje ha podido ser poco comprensible.

Por último, también existen silencios en español que funcionan discursivamente con el propósito de humorizar e ironizar. Dichos silencios con función humorística e irónica indican una posible interpretación no convencional, refuerzan el significado irónico o humorístico o guían la inferencia para su correcta interpretación (Ruiz Gurillo 2009).

> **(7)** [H0 (mujer), H1 (mujer) y H2 (mujer) son amigas, tienen entre 20 y 25 años. Tema: hablan de un simulacro de robo y bomba que han presenciado en su lugar de trabajo]
> **H2**: "que he puesto una bomba, que no me toques las narices"// ha sido lo mejor porque estaba P/
> yo con L me estaba partiendo
> **H1**: eh pero ¡qué guay tío!
> **H2**: "que he sido trabajadora de aquí y me habéis puteado y ahora os he puesto una bomba"
> **H0**: y ella "observaciones, dos puntos, exempleada" (risas= H0)
> **H1**: ///**(2)** real como la vida misma///**(1)** yo lo voy a hacer
> **H2**: y yo

En este ejemplo, se observa cómo el acto silencioso se utiliza como signo irónico o humorístico de un enunciado. El silencio es un reforzador del sentido irónico de la intervención anterior y genera complicidad entre los hablantes.

2. Silencios estructuradores

Entre los recursos conversacionales que organizan los intercambios interaccionales y la alternancia de turnos, se hallan los silencios (Sacks *et al.* 1974). En el habla espontánea, el silencio aparece, frecuentemente, en momentos de transición y puede funcionar como una marca de cambio de turno mediado, es decir, como una ausencia de habla entre el final del turno de A y el comienzo de turno de B (Cestero 2000). A estos silencios les otorgamos la función de distribuidor de turno y su misión es ofrecer información sobre la apertura, la continuidad o el cierre de los intercambios comunicativos.

> **(8)** [H0 y H7 son amigos, tienen 25 años. Tema: hablan sobre las tonalidades del cabello]
> **H7**: vamos/ eres morena
> **H0**: no soy morena/ soy castaña oscura///(1,5) soy castaña oscura
> **H7**: para mi eres morena///**(1)**
> **H0**: y si me apuras también distingo el castaño medio eh
> **H7**: yo hay casos que veo más discutibles/ pero a ti se te ve claro que eres morena///**(1)**
> **H0**: yo estoy convencida de que no// no tengo el pelo negro/tengo el pelo
> **H7**: pero es que negro negro/ no lo tiene nadie
> **H0**: ¡que sí tío!/ ¡mi madre! /lo tenía///**(1)**
> **H7**: es verdad/ tu madre lo tiene más negro
> **H0**: pues entonces// yo lo tengo/ joder/ yo lo tengo castaño// si me ves al día
> **H7**: sí:// ¡negro como el betún! (risas =H0)
> **H0**: ¡qué cabrón!

Los silencios destacados en (8) cumplen esta condición de distribuidores de turno, pues indican al oyente que el turno de su interlocutor ha terminado y puede iniciar el suyo.

Otro valor estructurador del silencio es el que tiene que ver con la función por respuesta despreferida. Estos silencios aparecen cuando se producen segundas partes despreferidas en un turno o intervención. Ello puede ocurrir, por ejemplo, cuando no existe un consenso entre los interlocutores y, como consecuencia, se produce una respuesta despreferida que rompe con las expectativa del destinatario.

> **(9)** [I1 e I2 son arquitectos, menores de 30 años y compañeros de trabajo. Tema: están decidiendo qué hacen con un trabajo pendiente]
> **I1**: vamos a ir un poco a perder el tiempo/ pero bueno//
> **I2**: sí/ a darnos un paseo ¿no?
> **I1**: ///(4) pero bueno// por no
> **I2**: oye sí sí
> **I1**: porque no piense/ porque no piense M que pasamos de él
> **I2**: pero vamos/ que me acerco yo solo/ si no/ ¿eh?
> **I1**: ///**(4)** pues///**(2)** ahora te lo digo// según como ande yo///(4) porque es que yo tengo que/ entregar una cosa a las seis de la tarde///(3) y tampoco/ o sea y es que para esa gilipollez/ la verdad... es que es-/ esas cosas/ que desmontan una viga/ pues que la desmonten// si se mata alguien que te llamen

Aquí, los silencios en negrita cumplen la función de respuesta despreferida. El silencio prolongado en combinación con las palabras que le siguen indica que la respuesta de uno de los hablantes no es la que se espera en estos casos, pues dicho hablante no se muestra dispuesto, en principio, a cumplir las expectativas de su interlocutor. Por esa razón, calla para marcar la inmediata respuesta despreferida y busca una explicación que justifique y haga pertinente esta actuación. El silencio funciona, además, como un retardador de la respuesta no pertinente o despreferida y que prepara al interlocutor para recibirla, de modo que esta quede admitida.

En la conversación, se producen, además, periodos de habla discontinua en los momentos en los que las tomas de turno no están consensuadas y cuyas consecuencias son los solapamientos, las interrupciones y los silencios (Sacks *et al.* 1974). Es a lo que se llama *fallos de coordinación* entre los participantes o «ruptura del mecanismo de alternancia de turnos», situación que «debe repararse de inmediato» (Cestero 2000: 114). A estos silencios les asignamos la función por errores de coordinación.

> **(10)** [H0 y H4 son amigos, tienen entre 20 y 25 años. Tema: hablan sobre la profesión de H4]
> **H0:** y lo mismo cuando cantas en un coro// que tienes otra voz a lo mejor por debajo y tú ya no sabes cuándo tienes que entrar (risas= TODOS) y es un lío y: ¡ah:! ¡terrible!
> **H4:** ya pero eso es acostumbrarte///(1) es que eso:///(1) es normal que te pase// pero cuando llevas muchos años tocando no:// es más cuando llevas muchos años tocando/ si no escuchas la otra voz//
> ya es cuando tú dices///**(1,5)** <u>hey hey: que aquí</u>
> **H0:** <u>que aquí pasa algo</u>
> **H4:** sí
> **H0:** voy yo fuera///**(1,5)** <u>y claro</u>
> **H4:** <u>incluso:</u>///**(1)** cuando tú:// nosotros contamos compases ¿no?///(1) lo sabes
> ¿no? lo de: uno// dos// tres

En (10), los informantes parecen caer en estos errores de coordinación al no ponerse de acuerdo en el inicio de sus intervenciones, lo que los lleva a interrumpirse, solaparse constantemente y que propicia también la aparición del silencio.

Los silencios pueden actuar igualmente como lapsos que se sitúan entre dos secuencias, indicando los cambios de tópico. Estos silencios estructuradores tienen la función de cambio de tema y, de acuerdo con Gallardo (1993), actúan como mecanismos que provocan un *salto brusco*, ya que no suelen ir acompañados de ningún otro procedimiento para facilitar la transición, al contrario de lo que ocurriría si se introdujeran turnos marcados, prefacios, etc.

> **(11)** [H0 (mujer) y H3 (mujer) son amigas, tienen entre 20 y 25 años. Tema: hablan de sus hábitos y costumbres]
> **H0:** ¡ay! no me apetece comer comida basura otra vez// ando siempre mala del estómago// me he acostumbrado este año a malcomer// como iba corriendo del curro a clase y comía por el camino si es que comía//y y estoy chunga chunga del estómago desde hace tiempo// no me apetece// comer aquí// así que me parece que me pillaré un bocata de los de: arriba/ un sándwich
> **H3:** bueno/ los de arriba están buenos/ a mí me gustan///**(1)** madre mía que yo: me tengo que poner a estudiar

En este caso, se produce un cambio de tema brusco, pues los informantes, tras un silencio, pasan a hablar de otra cosa que no guarda relación con el tema anterior y no se han servido de ningún otro mecanismo conversacional de cambio de tema para realizarlo.

El silencio también se emplea para solicitar o reclamar al receptor que apoye el mensaje. Concretamente, estas ausencias de habla pueden solicitar el apoyo o respaldo del interlocutor. Además, en otras ocasiones se usan para hacer una llamada de atención o para cerciorarse de que se cuenta con la atención y el interés del destinatario y, en caso contrario, demandárselos. A estos silencios estructuradores se les asigna la función de petición de atención o apoyo.

(12) [H0 (mujer) y H4 (hombre) son amigos, tienen entre 20 y 25 años. Tema: hablan de las diferencias comunicativas que perciben entre mujeres y hombres]
H0: ¡pero es porque hay falta de comunicación H4!/ ¡no es una sensación!/ ¡si tú no hablas y hablo yo sola como con una pared!/ ¿tú qué quieres que haga?/ ¡yo me molesto!
H4: pero a ver hay cosas que ya se dicen solas///**(1,5)** ¿sabes?

El acto silencioso señalado aquí actúa cumpliendo esta función, pues realiza una petición de apoyo y seguimiento o marca el mensaje, de forma puntual, para conservar la atención del interlocutor y conseguir su acuerdo.

3. Silencios epistémicos y psicológicos

Los silencios tienen, además de su valor discursivo y estructurador, un rol emocional, psicológico y epistémico. Se producen, por ejemplo, cuando se duda o, simplemente, se reflexiona sobre lo que se está comunicando. A esos silencios epistémicos se les asigna un valor cognitivo.

(13) [H0 (mujer) y H7 (hombre) son amigos, tienen entre 20 y 25 años. Tema: hablan del precio de la comida en el extranjero]
H7: no no/ no/ era otra cosa que era de: España// no sé por qué/ no/ tomates eran de España/ eran baratos
H0: ¿qué llamas barato?// ¿un euro y medio?
H7: no/ era más barato que aquí/ no me acuerdo/ no sé/ pero yo es que ahora no compro///
(1) no los compro yo ahora///**(1)** no no sé a qué precio están ahora///**(1)** los de "ramallet" son carísimos/ pero allí no había///**(4)**
H0: qué curioso

En el ejemplo, se aprecia cómo uno de los hablantes duda sobre la información que está trasmitiendo en su mensaje porque desconoce o no recuerda parte de lo que está diciendo y, en consecuencia, vacila en la enunciación. El silencio actuaría aquí como un mecanismo retardador de la enunciación verbal, así el hablante gana tiempo para pensar y formular su intervención de forma exitosa. Y también debilita el contenido de la enunciación verbal del informante que se muestra inseguro porque duda en la argumentación y no es capaz de mostrarse elocuente en su intervención.

El silencio se puede usar, además, para la contención de las opiniones, valoraciones o sentimientos que mueven a los hablantes. Estos son silencios psicológicos con función de cautela, puesto que actúan como parte del ejercicio de prudencia o autocontrol que realizan los hablantes, unas veces como indicadores y otras como hacedores.

(14) [H0 (mujer) y H7 (hombre) son amigos, tienen entre 20 y 25 años. Tema: hablan del encuentro casual que tuvo H7 con una conocida común]

H0: ¡ah/ bueno! Ella llevaba siempre coleta/ ¿no?//

H7: sí

H0: y muy tirante/ llevaba el pelo liso ella/ porque no debían gustarle sus rizos// era en esa etapa en la que a nadie nos gustaban nuestros rizos

H7: ya pero/ ¿no era como super?// a ver///**(1,5)** era como más///**(1)** a ver sin caer/ sin ser/ sin pasarse pero yo la veía como///**(1)** machorra no pero como más tirada///**(1)** yo la vi super pija y claro ni la había conocido y super maquillada

En (14) se ve cómo el informante recurre al silencio como sistema de contención psicológica, pues trata de medir mejor sus palabras para no decir algo de lo que posteriormente pueda arrepentirse.

El silencio también se produce en situaciones emocionales extremas o muy desconcertantes que impiden a los hablantes expresarse verbalmente. Estos se consideran silencios psicológicos con función emocional.

(15) [I1 e I2 son cuñadas. I1 es profesora y I2 es gestora. Tema: I2 está bastante afectada por una discusión que ha tenido con su pareja y se lo cuenta a I1]

I2: es de verbo fácil en el sentido de que

I1: mm//

I2:/no piensa que las cosas se pueden hac-///**(2)**

I1: sí sí se (?) dice barbaridades auténticas//

I2:/ "dice barbaridades auténticas"/ dice unas burradas brutales y tal// pero al día siguiente/

I1: se lo ha olvidado// se le ha

I2: no le ha dado ninguna importancia//

I1:/ se le ha- da// se lo ha olvidado es que además si lo comentas lo que dijo/ dijo huy

I2: no porque es que además cuando lo que está diciendo que parece que él mismo se está dando cuenta de la barbaridad y que las dice/ que le salen de dentro/ luego te das cuenta que no/

I1: no//

I2:/ que es que tiene///**(1)** las tiene///**(1)** tiene///**(1)** tiene una capacidad de hacer daño cuando quiere hacer daño/ y de decir burradas y tal// pero que no las da ningún valor/ ¿no?//

En este ejemplo, se ve cómo una de las informantes está bastante afectada por un acontecimiento emocional muy intenso que ha vivido y no es capaz de expresar sus sentimientos verbalmente, de modo que hace uso del silencio en sus intervenciones como acto para expresar dicha emoción. Por tanto, aquí el silencio suple a las palabras y muestra la aflicción que tiene la informante.

Por último, dentro de los silencios psicológicos encontramos los que tienen una función transgresora, «encaminada a la resistencia o subversión pasiva e indirecta» (Martín Rojo 2010: 307). Estos silencios suponen un intento deliberado de no cooperación y amenazan gravemente la imagen social (*face*). Así, pueden verse como *actos de resistencia* que pretenden desinformar al interlocutor, dar información insuficiente u omitirla.

(16) [La encuestadora (E) y la informante (I) son jefa y empleada, tienen entre 25 y 30 años. Tema: se encuentran en el despacho de la jefa y hablan sobre los peligros a los que se han tenido que enfrentar la informante en su vida]

(E): A ver// ¿alguna vez te has visto en peligro así en un peligro considerable ya no te digo de muerte sino en una situación de riesgo o que te haya parecido a ti o que hayas pasado mucho miedo?

(I): ///(2)

(E): Algún caso así muy concreto

(I): ///(2)

(E): No sé eh// no a todo el mundo le pasa

(I): ///(3) mm///(3) te podría contar un par con mi ex (risas=I)

(E): ¡Madre mía! Pues entonces/ mm /bueno/ mm/ tampoco hace falta que nos metamos en

(I): bueno te cuen- te cuento una mismo

En (16) se presenta una situación de este tipo. La informante (I), que sabe que está siendo grabada y que no guarda una relación demasiado estrecha con la entrevistadora, se resiste a contarle un acontecimiento vital muy íntimo y escabroso. Otras veces, puede ocurrir también que el informante recurra al silencio con la intención de transgredir o desafiar a su interlocutor. Principalmente, se han registrado casos de este tipo en situaciones en las que la relación entre los participantes está deteriorada o en contextos en los que existen relaciones basadas en el poder y la sumisión como, por ejemplo, entre padres e hijos o entre acusado y fiscal. A estos silencios también se les asigna una función transgresora.

4.   Silencios normativos

El último tipo de silencios, los normativos, contemplan una primera función por convenciones situacionales. Estos silencios son aquellos que, además de estar condicionados por el contexto, están propiciados por él. Es decir, que el lugar o la situación comunicativa los requiere.

(17) [H0 (mujer), H1 (mujer) y H2 (mujer) son amigas, tienen entre 20 y 25 años. Tema: a lo lejos ven a unos amigos y H2 decide llamarlos por teléfono]

H0: ¿pero esa no es N?/ la del pantalón verde

H1: sí

H2: sí sí sí// espera que le llamo a P/ le hago una perdida

H0: ¡hostia!/ Que estamos aquí que nos// yo qué sé que se acerquen ¿no?// N/ no sé nada de ella desde ha-// bueno desde que:

H2: no encuentro el móvil

H0: no ya no

H1: ya no

H0: ya están ahí en el coche tía

H2: a ver si lo coge **(llamando por teléfono)**

H0: ///(6) ¿qué?

H1: no vuelven ¿no?

H2: dice que os dé un beso

En (17) se aprecia cómo las participantes en la interacción deciden no tomar la palabra hasta pasados unos segundos porque consideran que en la situación actual (H2 está hablando por teléfono) deben permanecer en silencio y a la espera de que su interlocutora finalice la llamada. De esta actuación se deduce que, en la cultura española, existe una convención que recomienda guardar silencio mientras el interlocutor mantiene una conversación (telefónica o de cualquier otro tipo) con otra persona.

En otras ocasiones, lo que ocurre es que las convenciones sociales pesan más que las propiamente situacionales o que cualquier otro aspecto. Bien porque existen asimetrías en la relación social de los hablantes (uno de los informantes tiene un rango social superior), bien porque el silencio es un mecanismo paralingüístico muy frecuente de ese grupo de hablantes o comunidad de práctica concreto y, por ello, los participantes recurren al silencio en sus intervenciones. A estos silencios le asignamos la función por convenciones sociales.

> **(18)** [I1 e I2 son profesora y alumna y se encuentran en una clase del doctorado en lingüística. Tema: se están presentando]
>
> **I1**: entonces/eh/ bueno/ ya/ ya sé/ también/ trabajas en orde- en///(1) los demás compañeros te conocen en la/ en la aplicación para el el léxico y apli- y/ y informática/ ¿no?
>
> **I2**: ///(1,5) sí/ más o menos/ pero vamos/ que yo soy una recién llegada// yo soy filóloga francesa y:
>
> **I1**: ya// ¿y de esto qué sabes?
>
> **I2**: ///(1,5) de esto sé/ más o menos/ pero claro/ aplicado al francés
>
> **I1**: bueno / eso nos enriquece
>
> **I2**:///(1) yo sí que he hecho unidades didácticas/ eh/ pero
>
> **I1**: ¿has hecho unidades didácticas?
>
> **I2**: ///(1,5) sí// porque///(1) en Lingüística Aplicada para la Enseñanza del Francés// y/ bueno/ pues eso/ un poco/ sé/ lo que sé/ es/ todo de francés/ claro
>
> **I1**: mm todo para el francés

En (18) se presenta un intercambio comunicativo entre profesora y alumna en el que se observa cómo la alumna (I2) parece tener ciertos reparos a la hora de iniciar sus turnos de habla. En este contexto social, la relación asimétrica o de jerarquía que existe entre las participantes influye de manera determinante en el discurso de la alumna, llevándola a mostrarse muy cautelosa o prudente en sus intervenciones e incluso a permanecer en silencio en ciertos momentos.

Para acabar, existen también motivos culturales o tópicos conversacionales que llevan a los hablantes a permanecer en silencio en determinadas ocasiones. En la sociedad española se los conoce como temas tabú. Algunos investigadores, como Kurzon (2007), se han referido a ellos como silencios culturalmente necesarios o supeditados a las convenciones culturales propias del grupo de hablantes. Este autor prefiere llamarlos *silencios temáticos* y, entre ellos, incluye algunos temas como la política, la religión o el sexismo. A estos silencios les otorgamos la función por convenciones culturales.

(19) [La encuestadora (E) y la informante (I) son jefa y empleada, tienen entre 25 y 30 años. Tema: hablan de la eutanasia]

(E): ¿Y en cuanto a la eutanasia?///(2) Esto últimamente sí que ha estado bastante:/ bueno ha sido un tema bastante polémico/ porque no sé si te llegaste a enterar////(1) no sé/ creo que es en el Parlament de Cataluña que: hicieron// bueno hubo: un poco de debate sobre este tema////(1) porque no saben hasta qué punto es le- legal o lícito más bien que una persona pueda escoger// eh: cuándo debe morir// entonces: sí que es cierto que: no sabían muy bien cómo gestionarlo/ cómo tratarlo/ no sé tú/ a ti qué te parece

(I): Hombre yo para estar de según qué maneras///(2) ya te estoy hablando de un caso bastante:

(E): Terminal/ bastante mal

(I): puff///(2) no sé qué decirte eh///(2)

(E): La verdad es que prefieres morir ¿no?/ pero claro la la pregunta no es esa

(I): no a lo mejor yo aguantaría pero si alguien quiere///(2) porque no://(2)

(E): Pero ¿te parece que está en://(1) o sea/ lo suficientemente lúcido o o: siendo objetivo como para decidir/ con dolor/ que quiere morir?

En (19) ocurre que la entrevistadora pregunta a la informante abiertamente por un tema tabú en la sociedad occidental: la eutanasia. Ante tal situación, (I) comienza a recurrir a los actos silenciosos en sus intervenciones y lo hace por la dificultad que supone para ella hablar sobre ese tema. Los silencios contemplados aquí guardan, además, cierto parentesco con los silencios psicológicos, mencionados anteriormente, al compartir ciertas propiedades con ellos (por ejemplo, la prudencia y el autocontrol). Otras veces en cambio ocurre que, en interacciones entre hablantes de culturas diferentes, se producen errores o malentendidos y que son estos los que propician el silencio. Este tipo de ausencias de habla también son consideradas culturales, aunque las causas son distintas.

III. GRADO DE PERTENENCIA DEL SILENCIO A SU CATEGORÍA O FUNCIÓN PRAGMÁTICA

Para determinar la pertenencia del silencio a las funciones comunicativas anteriormente indicadas, los hablantes se fijan durante el proceso ostensivo-inferencial en los atributos o propiedades de las distintas funciones comunicativas que presenta el silencio. Es precisamente calibrando dichas propiedades en el acto silencioso cómo consiguen interpretarlo y asignarle una o varias funciones comunicativas concretas. A estas funciones comunicativas que suelen realizar los silencios en contextos informales en español, siguiendo el planteamiento presentado en el capítulo anterior, hay que asignarles unos rasgos o atributos, que son los que evalúan los hablantes para interpretarlos y que, dependiendo de su *frecuencia, calidad, acumulación, distancia* y *conmutabilidad*, harán al silencio más o menos reconocible y más o menos prototípico de la función (§II. El silencio como signo prototípico y periférico). En la figura que se presenta a continuación, se puede consultar una propuesta para establecer los rasgos constitutivos de las funciones comunicativas localizadas en el corpus COJEM que permita medir el grado de pertenencia a su categoría o función:

Tipo	Función	Rasgos constitutivos o Criterios de pertenencia
1. Silencios discursivos	1.1. Marcadores de acuerdo o desacuerdo	a) disconformidad o desacuerdo (1 p.) b) conformidad o acuerdo (1 p.) c) afirmación (0,5 p.) d) desaprobación (0,5 p.)
	1.2. Intensificadores o atenuadores	a) intensificación o énfasis (1 p.) b) atenuación o mitigación (1 p.) exageración (0,5 p.) calma (0,5 p.)
	1.3. Engaño o enmascaramiento	a) ocultación (1 p.) b) engaño (1 p.) disimulo (0,5 p.) encubrimiento (0,5 p.)
	1.4. Argumentativos	a) reformulación (1 p.) b) rectificación (1 p.) c) aclaración/explicación (0,5 p.) b) especificación (0,5 p.)
	1.5. Humorísticos e Irónicos	a) humor (1 p.) b) ironía (1 p.) c) sarcasmo (0,5 p.) d) parodia (0,5 p.)

Tipo	Función	Rasgos constitutivos o Criterios de pertenencia
2. Silencios estructurado- res	2.1. Distribuidores de turno	a) cambio de turno mediado (1 p.) b) cesión o abandono de turno (1 p.) c) rechazo en la toma de turno (0,5 p.)
	2.2. Marcadores de respuesta despreferida	a) falta de preferencia (1 p.) ruptura de expectativas (0,5 p.)
	2.3. Por errores de coordinación	a) falta de acuerdo en la petición o toma de turno (1 p.) cambio de turno inesperado (0,5 p.) c) confusión o cesión simultánea tras un solapamiento o una interrupción (0,5 p.)
	2.4. Dinamizadores de la conversación o cambio de tópico	a) cambio de tema (1 p.)
	2.5. Por petición de atención o apoyo	a) petición de apoyo (1 p.) b) petición de atención (1 p.) petición de entendimiento (0,5 p.) petición de reafirmación (0,5 p.) petición de conocimiento (0,5 p.)
3. Silencios epistémicos y psicológicos	3.1. Cognitivos	a) desconocimiento, vacilación o duda (1 p.) b) reflexión (1 p.) confusión (0,5 p.) evidencias u obviedades (0,5 p.)
	3.2. Por cautela	a) prudencia (1 p.) b) autocontrol (1 p.) c) moderación (0,5 p.)
	3.3. Emocionales	a) desconcierto o situación emocional extrema (1 p.) b) otras emociones: vergüenza, apatía o falta de interés, indiferencia, disimulo, manipulación, complicidad, condescendencia… (0,5 p.)
	3.4. Transgresores	a) resistencia (1 p.) b) desafío (1 p.) enfado (0,5 p.) evitación (0,5 p.)

Tipo	Función	Rasgos constitutivos o Criterios de pertenencia
4.Silencios normativos	4.1. Por convenciones situacionales	a) rituales o rutinarios (1 p.) institucionales (0,5 p.) estilísticos (0,5 p.)
	4.2. Por convenciones sociales	a) jerárquicos (muestras de sumisión, respeto, poder, control, dominio, censura…) (1 p.) b) por estatus social (propios de una edad, sexo, nivel deinstrucción, nivel socioeconómico, etc.) (0,5 p.)
	4.3. Por convenciones culturales	a) tabú (1 p.) choques interculturales (0,5 p.)

Figura 5. Tipos, funciones y rasgos constitutivos de los silencios en la conversación en español

Como se observa en la columna de la derecha, cada uno de los rasgos constitutivos de la función comunicativa que realiza el silencio tiene asignado un valor/puntuación. Dicha puntuación se establece atendiendo la *calidad* y *frecuencia* de cada rasgo, es decir, en función de los rasgos más representativos y habituales de la función que presenten los silencios analizados. Se considerarán como signos más prototípicos aquellos que presenten una mejor puntuación.

Así pues, los criterios de pertenencia a una categoría o función pragmática están relacionados con los rasgos constitutivos que se asignan a cada una de las clases del silencio. Estos atributos prioritarios son asociados intuitivamente con el ideal o representación mental de la categoría que tiene el grupo de hablantes. Tal y como explican Rosch y Mervin (1975: 580), la estructura de los atributos prioritarios de las categorías tiende a localizarse no en los rasgos comunes a todos los miembros de la categoría, sino en la aparición de atributos verdaderos o más representativos de la categoría que son más fácilmente reconocibles por los hablantes, representados con mayor puntuación en la tabla. De esta manera, los rasgos propios de cada función permiten agrupar a miembros de las categorías en torno a semejanza de familia.

Los rasgos constituyentes de una categoría deben ser reconocidos como tales por el conjunto de hablantes de una misma comunidad lingüística. Y, además, dichas propiedades, si bien no han de ser tomadas como rasgos claramente discretos y, por tanto, inflexibles y delimitadores, deben ser lo suficientemente claras como para ser definidas e identificadas por los receptores, ya que la comprensión de la intención del silencio depende de ellas. Por último, no podrá perderse de vista el contexto de aparición, pues «las funciones no son simples datos enciclopédicos, sino que presentan también cierta pertinencia lingüística» y adecuación a un contexto comunicativo determinado (Cifuentes 1992: 151).

Ya se ha dicho que no todas las propiedades de las funciones pragmáticas son reconocibles por los hablantes de una comunidad en el mismo grado, sino que algunas son más fácilmente asignables o identificables a una función que otras. En la Figura 5, hemos asignado mayor puntuación aquellos rasgos que se corresponden con los más reconocibles de la categoría; es decir, los que los hablantes admiten, reconocen y relacionan como más certeros de cada función pragmática del silencio por constituir parte de las convenciones compartidas y del modelo cognitivo idealizado. La cuantificación de estos rasgos es lo que nos ha permitido considerar a cada uno de los casos del silencio registrados como miembros de una función y no de otra (Méndez 2014a).

De acuerdo con los resultados de los estudios realizados hasta el momento, la mayor parte de los silencios representan funciones periféricas de su función. Es decir, lo habitual para el silencio en español es que tenga un valor plurifuncional en los intercambios comunicativos cotidianos por lo que resulta complicado relacionarlos únicamente con las propiedades de una función comunicativa. Por consiguiente, el silencio no suele ser un signo unívoco en la conversación coloquial, normalmente implica distintos significados discursivos, estructurales, psicológicos o socioculturales, representados en varias capas o niveles de significación.

Capítulo 7
El valor social del silencio en la comunicación interpersonal

Las variables sociales tienen un impacto muy claro en los usos lingüísticos, ya que influyen en las elecciones lingüísticas de los hablantes y en el valor que estos les asignan. Las variantes lingüísticas, fruto de dichas elecciones, reflejan así las normas, valores y relaciones sociales de una comunidad o grupo de hablantes. En algunos casos, el uso de ciertas expresiones puede ser exclusivo de algunos grupos, esto ocurre especialmente en las lenguas profesionales o especializadas. Lo más frecuente, no obstante, es que las expresiones lingüísticas sean usadas por los diversos grupos de hablantes y solo varíe el contexto en el que se utilizan.

Los factores sociales afectan, igualmente, a las convenciones sociopragmáticas y a la (des)cortesía lingüística. Son las convenciones sociales negociadas por cada grupo de hablantes las que establecen las normas de cortesía protocolaria y estratégica esperables en cada situación comunicativa. Estas convenciones determinan en parte las elecciones que realizan los hablantes en la interacción. Así pues, las variables sociales, como la edad, el sexo, el estatus social o el grado de escolaridad, pueden afectar al uso y la interpretación de la cortesía. Los roles y relaciones sociales también son aspectos importantes que determinan la comunicación. Esto se ve, por ejemplo, en el eje vertical (poder-sumisión). En una relación asimétrica, pongamos una conversación con nuestro jefe, probablemente no recurriremos a los mismos usos lingüísticos para comunicar una intención pragmática que en una conversación con nuestros hijos. Por consiguiente, las relaciones más cercanas y familiares propiciarán y harán esperables una serie de recursos comunicativos que serán parcialmente diferentes a los que se utilizarán en relaciones más profesionales o jerárquicas.

Las elecciones lingüísticas de los hablantes son, además, marcadores de identidad social. Con el lenguaje, los hablantes muestran su pertenencia a ciertos grupos sociales y, en otros casos, la ocultan. Las personas igualmente pueden acomodar su lenguaje para mostrar proximidad con ciertos grupos o para distanciarse de otros.

Por ende, las personas construyen, expresan y negocian su sentido de pertenencia a determinados grupos sociales a través del lenguaje y las prácticas discursivas. Dicha identidad también se ve influenciada por el discurso y las prácticas discursivas de los grupos a los que pertenecemos. Los miembros de un grupo adoptan patrones lingüísticos y estilos comunicativos que reflejan y refuerzan su identidad colectiva. A través de estos usos lingüísticos compartidos, se establecen y mantienen normas, valores y creencias que definen la identidad social del grupo.

La identidad social, además, se negocia y reinterpreta a través de la lengua y la comunicación. Los individuos pueden emplear estrategias discursivas para presentar diferentes facetas de su identidad, para desafiar o cuestionar las categorías existentes, o para construir una identidad que sea más congruente con su propia autopercepción. En el caso del silencio, como se verá en este capítulo, se ha demostrado que se pueden establecer diferencias motivadas principalmente por factores sociales, como el sexo, que afectan tanto a su uso como a la percepción y valoración sociopragmática que se hace de él.

I. **La variación social en el uso del silencio: el sexo de los hablantes**

Han pasado casi cuatro décadas desde que Tannen advirtió de la existencia de variaciones sobre la percepción y valoración del silencio dentro de la sociedad. Según la autora, el estilo conversacional de las personas constituye más un proceso relativo, que se ve afectado por la variación social, que una conducta objetiva (Tannen 1985). Actualmente, sigue existiendo un gran interés por conocer cómo se comunican las mujeres y por saber si presentan diferencias con los hombres. Durante mucho tiempo, los estudios de género han presentado enfoques basados en la *Teoría de la dominación* y la *Teoría de la diferencia*. La primera entendía el lenguaje como un conjunto de estructuras que sustentan el poder masculino, fruto del orden patriarcal establecido, y que interpreta lo masculino como lo normativo (Zimmermann y West 1975; O'Barr y Atkins 1980; Spender 1980; Fishman 1983). La segunda postura proclamaba que mujeres y hombres aprenden diferentes comportamientos como parte de su proceso de socialización y, como resultado, las mujeres tienen un estilo conversacional distinto al de los hombres (Tannen 1990, 1996; Gray 1992).

En nuestros días, se han superado estas líneas de trabajo, entre otras cosas porque «contribuyen a perpetuar las numerosas creencias y estereotipos socioculturales que existen en relación con este tema» (Acuña 2009: 2). Desde la visión actual, las diferencias comunicativas entre sexos se consideran un constructo social complejo y fluido que se localiza en la interacción. Así, no habría una sola forma de expresión femenina o masculina, sino una serie de estilos más o menos indicativos de diferentes identidades que los hablantes eligen. Estas elecciones se realizarían dentro de ciertas posibilidades, dependiendo del contexto sociosituacional, para representar la identidad que desean trasmitir (Bengoechea 2003; Serrano 2008; Acuña 2009). Este enfoque de corte construccionista se ha denominado *enfoque interactivo* y se constituye como un proceso cambiante, según el contexto, que se negocia dependiendo del rol que asuma cada hablante. Como se verá, en ocasiones se optará por la reafirmación de los usos propios del grupo social al que pertenezcan los hablantes y en otros momentos por la transgresión de los mismos, bien sea por acomodación a los interlocutores, bien por ocultamiento como muestra de resistencia o por falta de prestigio.

Autoras como Tannen (1993), Coates (2009), Eckert y McConell-Ginet (2003), Serrano (2008) y Acuña (2009) han dejado atrás, por tanto, las ideas de dominio y diferencia y han preferido adoptar este enfoque interactivo o dinámico basado en factores sociolingüísticos, discursivos y antropológico-etnográficos para referirse a las diferencias de género. Este enfoque sugiere que: (1) los roles lingüísticos de los sexos no están dados de antemano, se crean durante la interacción; (2) el contexto tampoco está determinado, se construye en el habla y en el transcurso de la inte- racción; y (3) todo lo que sucede en el transcurso de la interacción es el producto de una acción conjunta, es decir, el resultado de la interacción de los modos de hablar de cada sexo individualmente (Serrano 2008).

El cambio de perspectiva adoptado en los estudios de género, muy alejados ya de las generalizaciones sobre el lenguaje de las mujeres y más centrados en los usos comunicativos de mujeres específicas en situaciones concretas, ha generado la aparición de numerosos microestudios basados en hablantes de comunidades pequeñas y locales (Eckert y McConnell-Ginet 2003). En estos estudios, se observan las prácticas discursivas de grupos de mujeres y hombres miembros de diversas comunidades sociales que se solapan entre sí, como adolescentes escolares, vecinas de barrio, clientas de un gimnasio o una discoteca, jugadores amateurs, aficionados al deporte, jóvenes universitarias, etc. Uno de los objetivos generales de dichos estu- dios es probar cómo la noción de género va inexorablemente unida a otros atributos sociales y personales, además del sexo, y está enraizada en la cultura. En palabras de Bengoechea, «estos trabajos parecen reforzar la vieja idea de la sociolingüística de que la pertenencia de una persona a un grupo social y el sentido de la propia identidad, las imágenes privadas de sí mismas, determinan la forma de lenguaje usada o el contenido de lo que se dice» (Bengoechea 2003: 320).

Otros autores, que han desarrollado sus trabajos en la misma línea, han sugerido que hombres y mujeres usan los mismos rasgos lingüísticos con estrategias comu- nicativas diferentes. De ahí que los rasgos caracterizadores del habla no tengan un significado propio en sí mismo, sino que están directamente ligados a la identidad social de quienes los usan, de quienes los reciben y del lugar en el que se producen (Coates 2009). Gregori (2007: 731) ha dado un paso más y ha apuntado a que ciertos elementos comunicativos, como por ejemplo el humor, cumplen la función de «ayudar a modificar y/o mantener ciertos roles o patrones asignados a hombres y mujeres».

Por tanto, la principal conclusión a la que se ha llegado en los últimos años es que mujeres y hombres utilizan el mismo lenguaje, pero lo hacen de modo distinto (Tannen 1993; Camargo y Méndez 2013b; Méndez 2014a, 2015b, 2017). Lozano (1995) explica esto mismo diciendo que existe una división en el trabajo lingüístico que desempeñan mujeres (plano afectivo) y hombres (plano instrumental). Según la autora, los hombres parecen más interesados en reafirmar o imponer sus conceptos, en trasmitir un mensaje, es decir, sus actos comunicativos tienen un carácter monologado. De ahí que tiendan a callar y reflexionar más su mensaje para que este sea claro y se entienda. Las mujeres, en cambio, tratan en mayor medida de llenar el hueco y evitar el silencio, utilizando algún otro recurso como elementos cuasiléxicos mientras reflexionan sobre lo que van a decir. Por su parte, Calero, siguiendo la hipótesis de Tannen (1993) y Lozano (1995), sugiere que

> las mujeres entienden el acto comunicativo más como un acto de relación social que como uno de trasmisión de información; por ello, tienden a ser cooperativas y a respetar el turno de palabra. No suelen ser amigas de participar en el discurso público y, en el discurso privado, utilizan signos no verbales que atienden a la aproximación y a la trasmisión de los sentimientos (Calero 2007: 28).

Otros investigadores se han pronunciado también sobre esta idea y han concluido que, ciertamente, existe entre los hablantes la tendencia comunicativa hacia el poder o la solidaridad, pero que no puede asignarse de forma específica a mujeres u hombres. En realidad, los hablantes negocian su rol social frente a su interlocutor en cada intercambio comunicativo y se plantean el poder y la distancia que tienen en relación con la otra persona cada vez que se comunican. Esta concepción del género como un despliegue contextual implica, además, según Acuña (2009: 49), «una atención cuidadosa a la situación comunicativa y a otros aspectos de la identidad de los hablantes como el origen cultural, la edad, la clase social o la orientación sexual».

Desde el marco sociolingüístico, se han establecido diferencias en los usos estratégicos del silencio que realizan las mujeres y los hombres (Tannen 1993; Martín Rojo 1996; Coates 2009, García Mouton 2003; Calero 2007; Acuña 2009; Camargo y Méndez 2013b; Méndez 2014a, 2015b, 2017). García Mouton señala la existencia de silencios más típicos o habituales del estilo comunicativo femenino, como son los silencios de cortesía, que tienen que ver con su papel de árbitro familiar y sirven para ocultar motivos de discusión, o el silencio de castigo, de censura, que es aquel que suele preceder a las discusiones. También explica que, en general, uno de los mayores problemas culturales entre la mujer y el hombre es el de la interpretación de sus silencios, ya que el hombre se puede instalar perfectamente en el silencio e, incluso, sentirse reconfortado por él, mientras que la mujer suele inquietarse y malinterpretar el silencio masculino (García Mouton 2003).

Estudios empíricos más recientes se han basado en microcomunidades lingüísticas o grupos de hablantes específicos como, por ejemplo, mujeres jóvenes universitarias amigas entre sí (Camargo y Méndez 2013b; Méndez 2014a, 2015b, 2017; Méndez y Camargo en prensa). En estos estudios se ha partido de la base de que las diferencias comunicativas entre sexos son complejas, pues mujeres y hombres usan los mismos rasgos lingüísticos, pero les dan usos estratégicos diferentes, ligados claramente a la identidad social de quienes los usan, reciben y del lugar en el que se producen. Las conclusiones de estos trabajos sugieren, en primer lugar, que las mujeres solo producen en torno a una cuarta parte de los silencios que se utilizan en la conversación coloquial en español. También han concluido que la mayor parte de los silencios producidos por mujeres en estas situaciones son más breves (inferiores a 1,5 segundos) y que dicha duración está condicionada por la función pragmática que desempeñen. Asimismo, se han establecido diferencias funcionales en el uso del silencio entre mujeres y hombres jóvenes, por ejemplo, ellas callan más para intensificar o atenuar sus mensajes y ellos por reflexión. Y, por último, se han observado en estos estudios casos de acomodación lingüística en las mujeres hacia el estilo comunicativo masculino cuando conversan con ellos (Camargo y Méndez 2013b; Méndez 2014a, 2015b, 2017; Méndez y Camargo en prensa).

Estos resultados se han relacionado con los propuestos por otros autores como Lozano (1995) que sugieren que las mujeres son más cooperativas y, con frecuencia, tratan de mantener la conversación, llenar el hueco y evitar el silencio. En el uso cotidiano de la lengua, las jóvenes analizadas tienden a realizar *actos de involucración* que Cestero (2007: 15) ha explicado como «estrategias estructurales básicas de cooperación en conversación características de las mujeres». Entre los objetivos principales de las mujeres, como destaca la autora, está el de entablar contacto con su interlocutor, cooperar en su discurso introduciendo apoyos e interrupciones cooperativas y mantener viva la conversación. Según Tannen (1994), estos fenómenos son resultado de diferencias de estilo relacionadas con el género.

Las funciones pragmáticas del silencio, como se ha dicho, también presentan diferentes frecuencias y duraciones en las realizaciones femeninas. Las mujeres, por ejemplo, utilizan con frecuencia el silencio para enfatizar o mitigar sus actos de habla. De acuerdo con Montecino (2003: 9), «los intensificadores o atenuadores son recursos discursivos que, en la conversación coloquial, se vinculan al concepto de fuerza argumentativa y configuran estrategias para que el *yo* refuerce y haga valer su intención de hablar de forma cooperativa y cortés, o, en ocasiones, mitigue lo expresado con el fin de mantener el equilibrio de la interacción». Lo que se deduce de las muestras analizadas es que, algunas veces, las mujeres pretenden provocar un mayor interés sobre lo que está comunicando a su interlocutor, mediante el uso de este tipo de intensificadores no verbales. En el caso de la atenuación, las jóvenes mitigan el contenido del mensaje o la fuerza ilocutiva del acto de habla para proteger su propia imagen positiva y la del interlocutor (Haverkate 1994; Albelda y Cestero 2011). Como decimos, en realidad, no hay rasgos ni usos del silencio que puedan considerarse exclusivos de mujeres u hombres, pero sí funciones comunes a todo tipo de hablantes que gozan de mayor vitalidad o éxito por parte de uno u otro sexo.

También se han observado índices muy altos de producción en mujeres de silencios por petición de atención o apoyo, para argumentar, distribuidores de turno y cognitivos. En menor medida, las mujeres españolas también recurren al silencio por errores de coordinación, cautela, para humorizar o ironizar o para cambiar de tema. Algunos de estas actuaciones silenciosas varían en las mujeres dependiendo de si conversan con hombres o con otras mujeres (Méndez 2015b). Se ha determinado que cuando interactúan con otras mujeres callan menos y lo hacen con una duración menor que cuando conversan con hombres. También cambian el tipo de funciones comunicativas del silencio cuando conversan con ellos. Este hecho se ha relacionado con un fenómeno de *acomodación lingüística* (Molina 2010), a partir del cual las mujeres ajustan el uso del silencio a sus interlocutores masculinos cuando conversan con ellos en intercambios cara a cara (Camargo y Méndez 2013b; Méndez 2014a, 2015b, 2017; Méndez y Camargo en prensa).

II. EL VALOR SOCIOPRAGMÁTICO DEL SILENCIO

Sifianou ha sido quien más ha reflexionado sobre los valores sociopragmáticos del silencio en la comunicación. La autora destaca que la (des)cortesía del silencio puede entenderse mejor mediante la aplicación de los conceptos de *cortesía negativa* y *cortesía positiva* establecidos por Brown y Levinson (1987). Como se sabe, Brown y Levinson, a partir del concepto de *imagen social* o *face* (Goffman 1967), distinguen entre *imagen positiva* (necesidad de sentirse parte del grupo) e *imagen negativa* (necesidad de sentirse independiente y libre de imposiciones). Para ellos, los actos verbales, por ser más directos, suponen normalmente una mayor imposición o amenaza para la imagen social (*face-threatening acts - FTAs*) que los actos no verbales que son más indirectos. Al ordenar jerárquicamente los actos comunicativos de menos cortés a más cortés, consideran que el silencio es *do the FTA off record*, es decir, equivale a usar una expresión vaga, ambigua o indirecta. Según Sifianou (1997), la estrecha relación entre el silencio y lo que Brown y Levinson llaman *off-record politeness* implicaría que el silencio es una de las formas más corteses de expresión.

A pesar de lo anterior, vemos que algunos silencios resultan molestos y no son bien considerados en ciertas culturas. Así pues, para no caer en el etnocentrismo, Sifianou (1997) plantea que es necesario observar los valores predominantes de habla o silencio en cada cultura antes de extraer conclusiones sobre el valor sociopragmático de estos signos. Añade además que, en algunas sociedades, hablar ayuda a liberar las emociones, ansiedad, tensión, etc. y permite a las personas mantener el equilibrio en las relaciones sociales, por tanto, verbalizar la incertidumbre no supone una amenaza. En otros casos, la liberación de las emociones, la ansiedad y la tensión indican agresión y deben ser evitadas, por lo que la incertidumbre es mejor abordarla con el silencio. Asimismo, sugiere que las sociedades con una orientación a la cortesía negativa valoran más el silencio que las sociedades con una cortesía positiva.

Desde este punto de vista, la autora establece tres posibles valores sociopragmáticos para el silencio:

1. *El silencio como estrategia efectiva de cortesía positiva*: como mecanismo para mantener las buenas relaciones que, en lugar de lograrse a través de las palabras, se consiguen con la complicidad común del silencio, la experiencia y la intimidad.

2. *El silencio como estrategia efectiva de cortesía negativa*: como táctica de respeto hacia las personas mayores o socialmente superiores o para proteger a los interlocutores de posibles intrusiones.

3. *El silencio como estrategia efectiva 'off-record'*: como estrategia de cortesía «fuera del registro», es decir, cuando el silencio opera como un acto de habla indirecto.

Como se ha ido señalando a lo largo de este libro, no todos los hablantes utilizan el silencio con los mismos valores sociopragmáticos. Se ha demostrado ampliamente que la mayoría de los estadounidenses y europeos del sur utilizan el habla con fines sociales y afectivos (§II. Usos comunicativos del silencio en las culturas). Hayakawa (1952: 70), refiriéndose a los hablantes europeos, ha explicado que «es totalmente imposible para nosotros en sociedad hablar solo cuando tenemos algo que decir». Por su parte, en Inglaterra, el silencio se utiliza como estrategia de cortesía negativa para evitar la intrusión y, por tanto, tiene un valor positivo. Pero en Grecia y otras culturas mediterráneas, puede ser usado con una intencionalidad o valor negativo, es decir, como un mecanismo de distanciamiento (Sifianou 1997).

Dentro de una misma cultura, también pueden hacerse diferentes valoraciones sociopragmáticas del silencio que atañen al contexto y a los factores sociales. De acuerdo con Leech (1983), un recién llegado a la interacción puede sentir que es descortés si interrumpe, mientras que el resto de los participantes pueden sentir que es descortés no dar al recién llegado la oportunidad de participar. Estas situaciones pueden generar un silencio incómodo en la conversación. También puede ocurrir que algunos grupos de hablantes como los jóvenes no asignen valores descorteses al silencio en español, pues estos recursos no afectan negativamente a la imagen ni generan tensión en la comunicación. En estos casos, se ha preferido relacionar el silencio con la *anticortesía*, pues se recurre a ellos como marcadores de identidad social que definen al grupo y lo distancian de otros (Camargo y Méndez 2013a; Méndez 2014a).

En este sentido, se ha argumentado que actos comunicativos poco tolerados por una cultura o directamente molestos en algunas situaciones, como ocurre con el silencio en español, deben dejar de considerarse como tales sistemáticamente, puesto que en muchas ocasiones son meras estrategias comunicativas propias de una comunidad de hablantes que actúan en favor del éxito comunicativo. Por ejemplo, existen situaciones en español en las que los silencios generan un clima de intimidad entre los hablantes que no produce tensión ni malestar y en las que el silencio no daña la imagen social (*face*) de los participantes, sino que es visto como un componente más de la interacción que no pone en riesgo la relación social (Camargo y Méndez 2013a).

El nivel de cortesía de los elementos comunicativos debe evaluarse siempre en contexto y en función de la cultura en la que se produzcan. Ha de tenerse en cuenta además que, aunque no es lo habitual, alguna de las interacciones sociales en las que participamos no tienen como fin último alcanzar o mantener una armonía y evitar o mitigar conflictos, tal y como proponían Brown y Levinson (1987), sino crear un conflicto en el cual encajarían algunos actos descorteses cotidianos. Por tanto, no se puede considerar la cortesía como la finalidad última de todos los hablantes ni puede ser el único punto de partida para el análisis de elementos comunicativos en los estudios sociopragmáticos. Según indican numerosos estudiosos, los casos de descortesía son comportamientos especialmente difíciles de clasificar, ya que, en ocasiones, ni para los mismos participantes está claro si alguien ha sido (des)cortés o no. A ello se suma que muchas veces su efecto es acumulativo, pues leves amenazas pueden llegar a constituir descortesía tras una acumulación de incidentes: «It is only when impolite acts are 'addep up', or viewed in a cumulative way, and when it is assumed that the speaker intended to be impolite that they constitute a threat to the face of the hearer and to the community of practice» (Mills 2003: 136).

En cualquier caso, como señala Albelda (2004), es fundamental tener en cuenta tanto el tipo de relación existente entre los interlocutores como las variables sociológicas de los participantes, la temática que se está tratando y la finalidad discursiva. En general, los actos amenazadores para la imagen en la cultura española son aquellos que dañan el prestigio público de la persona a la que van dirigidos, que le hacen quedar mal, que le critican o insultan, en definitiva, que le humillan o le empujan a desempeñar alguna tarea sin respetar su libertad de acción. Lingüísticamente, se pueden manifestar de muchas formas como, por ejemplo, a través de imperativos, insultos, reprimendas, por medio de énfasis prosódico, con apelaciones directas al tú, olvidos o equivocaciones, etc., que afectan o implican a la esfera personal del tú.

Leech (1997) consideró que ciertas conductas conversacionales como hablar a destiempo, interrumpiendo, o permanecer inadecuadamente en silencio tienen implicaciones descorteses. Siguiendo esta misma línea, Haverkate (1994) afirmó que seguir la conversación y evitar el silencio en la lengua o cultura española es un tipo de cortesía metalingüística. Por tanto, podría decirse que los hablantes tienen cierta conciencia metalingüística, esto es, son conscientes de que el silencio es un elemento «molesto» en la cultura española y que no se debe «abusar» de su uso. Sifianou (1997) subraya que las sociedades con una orientación a la cortesía negativa valoran más el silencio que las sociedades en las que predomina la cortesía positiva. Esta afirmación —advierte Sifianou— no debe interpretarse en el sentido de que el silencio no tenga cabida en una sociedad con una orientación a la cortesía positiva o que el hecho de hablar se reduzca al mínimo en sociedades consideradas de cortesía negativa; simplemente significa que los silencios variarán en su función interpersonal dependiendo de la lengua/cultura en cuestión.

Más recientemente, Kaul de Marlangeon (2008) ha presentado una tipología del comportamiento comunicativo descortés en la cultura hispanohablante, aludiendo a un acto silencioso en particular. La autora agrupa los actos descorteses según la intención del hablante y el grado de lesión que se inflige al receptor. Entre las categorías descorteses que propone se encuentra lo que denomina *silencio abrumador*, del que dice que

> no es una mera ausencia de respuesta, una pregunta o una aserción; el oyente esgrime deliberadamente su silencio para indicar desacuerdo con el hablante, a pesar de que el contexto de situación y el compromiso entre los interlocutores le impelerían a una respuesta concordante y a un encadenamiento preferido de aquiescencia (Kaul de Marlangeon 2008: 261).

Teniendo en cuenta la consideración sociopragmática que se tiene de los actos silenciosos en la cultura española como elementos molestos y poco frecuentes, consideramos que para medir su grado de (des)cortesía será fundamental atender a su duración y al coste-beneficio que suponen para el destinatario. Siguiendo este planteamiento:

1. Serán más descorteses las ausencias de habla más largas. Al ser la española una cultura de cortesía positiva en la que predomina la palabra y el silencio puede resultar molesto con gran facilidad (Haverkate 1994; Sifianou 1997), consideramos que representarán mayor riesgo para la *imagen social* de los hablantes (*face*) aquellos actos silenciosos más largos.

2. Serán más descorteses las ausencias de habla que acarreen un mayor coste para el destinatario. Siguiendo uno de los principios básicos de la cortesía que considera que la acción es intrínsecamente más descortés cuanto mayor es el coste para el destinario y menor su beneficio y viceversa (Leech 1983; Brown y Levinson 1987, Escandell Vidal 2006), pensamos que aquellos silencios que supongan un mayor coste para el receptor serán los más descorteses.

Un estudio más reciente sobre el valor sociopragmático del silencio en la conversación en español ha desvelado la escasa aparición de silencios superiores a dos segundos en la interacción, solo el 9,2% del total de los 1069 silencios analizados (Camargo y Méndez 2013a; Méndez 2014a). Ello puede asociarse con la relación explícita que se ha establecido siempre en la sociedad española entre la descortesía y el silencio. Para Haverkate (1994), como ya se ha indicado, el hecho de seguir la conversación y evitar el silencio es un tipo de cortesía metalingüística para los hispanohablantes. Así pues, no es de extrañar que los resultados del estudio indiquen que los españoles prefieren hacer un uso breve del silencio.

En cuanto a la relación entre las funciones comunicativas del silencio y el coste-beneficio que suponen para el destinatario, resulta necesario fijar el posible impacto de la función en las relaciones sociales. Escandell (2006), inspirándose en Leech (1983), propone hacerlo distinguiendo entre: (1) acciones que apoyan (o mejoran) la relación social; (2) acciones indiferentes y (3) acciones que entran en conflicto con la relación social. Es importante aclarar que no en todos los casos en los que exista riesgo para la *face* se verá necesariamente afectada, ya que es imposible determinar con total certeza si un acto silencioso va a causar un efecto (des)cortés sobre el oyente, se quedará en una sencilla amenaza, o no tendrá, incluso, ninguno de los dos efectos y podrá relacionarse más bien con un efecto *anticortés*.

En español, siguiendo a Escandell, existen silencios que *apoyan (o mejoran) la relación social*, entendidos como aquellos actos que generan un beneficio para el destinatario y un coste para el emisor. Atendiendo la tipología de silencios presentada en el capítulo 6, consideramos que los silencios argumentativos, los silencios por errores de coordinación, los intensificadores o atenuadores y los silencios por cautela pueden incluirse entre los que apoyan o mejoran la relación social, por suponer un menor riesgo para la imagen del destinatario. En el caso de los errores de coordinación, lo consideramos así porque son confusiones o faltas de acuerdo involuntarias en la distribución de los turnos, por lo que no hay una intencionalidad expresa por parte de los interlocutores en la falta de coordinación. Por otra parte, los silencios argumentativos se erigen también como estrategias que apoyan la relación social, pues tienen un carácter facilitador. Es decir, son utilizados principalmente para construir la argumentación y para estar seguros de que el oyente comprende totalmente lo expresado cuando se comunica algo. Asimismo, los silencios intensificadores y atenuadores, como estrategias vinculadas a la fuerza argumentativa, pretenden garantizar el interés y la buena marcha de la conversación. Denotan una atención del emisor hacia el destinatario, ya que por una parte enfatizan el mensaje para generar expectación e interés y por otra lo mitigan para evitar conflictos, mantener un equilibrio en la interacción y proteger su propia imagen social y la de su interlocutor. Por último, las ausencias de habla por cautela también comportan un bajo coste para el receptor y algo más alto para el emisor, puesto que este último no dice lo que piensa, viendo mermada su libertad de expresión, para evitar un posible conflicto con su interlocutor o interlocutores (Méndez 2014a). Por tanto, estos silencios tienen un menor riesgo para la imagen de los hablantes, esto es, que el peligro para la relación social, independientemente de que finalmente esa amenaza desemboque o no en un acto descortés, es muy bajo. Véase el siguiente ejemplo en el que se plantea una situación de este tipo a partir de silencios por cautela:

(20) [H0 y H7 son amigos, tienen menos de 25 años. Tema: hablan sobre el encuentro casual de H7 con una compañera del colegio de H0 y H7 a la que hacía mucho tiempo que no veían]

H7: tiene el pelo rizado

H0: "¿tiene el pelo rizado?"

H7: sí

H0: ¡ah/ bueno! ella llevaba siempre coleta/ ¿no?//

H7: sí

H0: y muy tirante/ llevaba el pelo liso ella/ porque no debían gustarle sus rizos///(1) era en esa etapa en la que en la que a nadie nos gustaban nuestros rizos

H7: ya pero/ ¿no era como super?// a ver///(1,5) era como más///(1) a ver sin caer/ sin ser/ sin pasarse pero yo la veía como///(1) machorra no pero como más tirada///(1) yo la vi super pija y claro ni la había conocido y super <u>maquillada</u>

H0: <u>ella estaba</u> gordita y tal/ ¿sigue estando?/ ahora nada

H7: no:

Haciendo uso del dicho popular *más vale callar que errar*, los informantes del corpus COJEM optan, en este caso, por ser cautelosos y pensar bien lo que van a decir en un claro ejercicio de prudencia. Este tipo de actuaciones pretenden, como se ha dicho, mejorar o apoyar la relación social.

Siguiendo con lo expuesto en Méndez (2014a), los silencios, además, pueden suponer *acciones indiferentes*, aquellas en las que no hay un desequilibrio claro entre coste y beneficio para los interlocutores. Formarían parte de este grupo los silencios distribuidores de turno, cognitivos e intensificadores o atenuadores. En estos casos, parece que la producción del silencio no deja claro si hay riesgo o no para la imagen social. Tampoco se observa con claridad si los silencios de estas categorías pueden causar daño o no sobre alguno de los hablantes, ni si aportan algún tipo de beneficio al interlocutor. Los silencios distribuidores de turno responden claramente a este perfil, pues son usados por los hablantes para indicar transiciones, cambios de turno y cesiones del mismo. Su carácter regulador no aporta ni grandes costes ni grandes beneficios a los hablantes.

(21) [H0 y H6 son amigos, tienen menos de 25 años. Tema: hablan sobre los sobrinos de H6]

H0: ¿cómo se llama?

H6: L

H0: "L"///(1)

H6: F/ H y L///(2)

H0: ¡tres niñas!//

H6: no/ F

H0: ¡ah! F/ vale

H6: mi hermana tiene a F y H///(3) que son como muy iguales los dos nombres///(1) **H0**: mh

H6: pero bueno (risas= H6)

H0: bueno

H6: es cosa suya// (risas= H6) son sus niños/ ella sabrá///(1) **H0**: que deben estar ya <u>enormes</u>

H6: <u>siete</u> y cinco/ siete y cuatro///(1)

Como se observa, en este caso, los silencios de cesión o distribución de turno de turno son acciones indiferentes que no aportan claramente ni mayor coste ni mayor beneficio a ninguno de los hablantes.

Por último, el silencio también puede suponer una *acción que entra en conflicto con la relación social*, esto es, una actuación que implica algún coste para el destinatario. En estos, incluimos los silencios cognitivos, los silencios por petición de atención o apoyo, los humorísticos e irónicos y los que sirven para cambiar de tema. Los silencios cognitivos, que se dan cuando los hablantes deciden reflexionar más su mensaje bien porque desconocen parte del tema bien porque vacilan a la hora de producirlo, pueden ser vistos por el destinatario como un intento deliberado de retardar la conversación para que no fluya. Por su parte, la función petición de atención se presenta en el corpus como una llamada de atención sobre el mensaje. Se recurre a una función fática con la intención de reafirmar lo dicho y de llamar la atención del oyente, si bien no se espera respuesta. Cuando los silencios se acercan más a la petición de apoyo, se consideran un recurso apelativo o de petición de información adicional. Esta estrategia comunicativa es muy frecuente entre los hablantes españoles cuando reclaman la colaboración de su interlocutor o le piden más información, marcando enfáticamente estas peticiones mediante el uso del silencio. Al pedir a los hablantes que hagan un mayor esfuerzo cognitivo y/o comunicativo y verse la libertad individual de estos potencialmente coartada, se aprecia en estos silencios un mayor coste para el receptor, por lo que han sido incluidos en un estadio más cercano a la descortesía (Méndez 2014a). En cuanto a los silencios humorísticos e irónicos, cabe decir que, por una parte, se pueden entender como un mecanismo de complicidad y afiliación o con efecto positivo (Padilla y Alvarado 2010), ya que no llevan implícita la burla o mofa sobre los interlocutores. Pero, a pesar de ello, implican un riesgo mayor sobre la *face* que otros silencios al poder ser malinterpretados más fácilmente. Por esa razón, son incluidos aquí. Los silencios por cambio de tema también están enmarcados en este nivel por el mayor coste que suponen para el destinatario en los casos en los que no se utilizan de manera exitosa. El hablante puede pensar que es el momento ideal para introducir un nuevo tema y cumplir así con la tarea de mantener viva la conversación, pero si comete un error dando por concluido un tema e introduciendo otro nuevo cuando su interlocutor no lo considera oportuno, se puede producir un conflicto y verse su imagen gravemente dañada ya que puede parecer que se muestra poco interesado (Méndez 2014a). Véase el siguiente ejemplo de silencio por petición de atención o apoyo en el que se observa lo que se acaba de comentar:

(22) [H0 y H4 son amigos, tienen 25 años. Tema: hablan de la falta de comunicación que se producen en relaciones de pareja]

H0: entonces/ yo como soy más cortés/ voy a intentar// emitir utilizar menos el silencio/ recurrir menos al silencio que tú

H4: pero yo no lo intento llenar// claro/ claro/ pero yo no lleno el hueco porque para mí no me crea un problema// a las mujeres os crea un problema// más///**(1)** ¿vale?/ sobre todo en relación de pareja///**(1)** ¿vale?///**(1)** el novio callado os da más problema a una chica que a un// tío

H0: efectivamente

H4: vale pero

H0: y tenemos la sensación de que hay falta de comunicación

H4: exacto

H0: pero es porque hay falta de comunicación H4/ no es una sensación/ si tú no hablas y hablo yo sola como con una pared/ tú qué quieres que haga/ yo me molesto

H4: pero a ver hay cosas que ya se dicen solas///**(1,5)** ¿sabes?

Los silencios de este tipo suponen un mayor coste para el interlocutor, pues se utilizan como un recurso apelativo para reclamar al oyente que coopere en la construcción de la interacción, mostrando seguimiento del enunciado en marcha y solicitando su acuerdo (Cestero 2000: 114).

III. EL SILENCIO ANTINORMATIVO EN LOS JÓVENES

El hecho de que los jóvenes, como se ha visto en el apartado anterior, no consideren todas las funciones del silencio como amenazantes para su imagen social o con efectos descorteses en la interacción ha llevado a plantear que el silencio no es un elemento intrínsecamente descortés (Camargo y Méndez 2013a; Méndez 2013a, 2014a). Ello queda sustentado en el hecho de que, en contextos coloquiales, no se observan estrategias de reparación tras los silencios. Como se sabe, los actos descorteses conllevar una reparación y una justificación. Lo normal es que, sobre todo la reparación, abra el camino como estrategia «mitigadora» del daño causado a la imagen social (Alba de Diego 1994).

Así pues, esta circunstancia conduce a la consideración de la existencia de otras valoraciones sociopragmáticas para los actos silenciosos, más relacionadas con cuestiones afiliativas hacia el grupo de hablantes al que pertenecen los hablantes y al deseo que sienten los individuos de estrechar lazos en torno a un proyecto o fin común. Si atendemos lo propuesto por Albelda y Briz, la cortesía puede presentarse en la práctica discursiva en forma de *cortesía normativa*, esto es, derivada de una norma social de comportamiento (en saludos y despedidas, agradecimientos, felicitaciones, etc.); o como *cortesía estratégica*, empleada por los hablantes para asegurarse el logro de algún objetivo (en la realización cortés de una petición, por ejemplo). Pero «sea del tipo que sea, en ambos casos actúa como herramienta de relación social» (Albelda y Briz 2010: 238). Con esta idea se pretende aclarar que la cortesía varía según el grupo social al que pertenecen los hablantes y según las situaciones comunicativas en las que tenga lugar el acto comunicativo. De este modo, las formas lingüísticas adquieren la función de cortesía, descortesía o *anticortesía* en cada uno de sus usos (Brenes 2007: 206).

Zimmermann ha dedicado gran parte de su producción científica a estudiar el comportamiento comunicativo de los jóvenes hispanohablantes. En varios de sus trabajos, ha sugerido que entre los jóvenes existen actos que estructural y funcionalmente se pueden caracterizar como contrarios a los actos corteses descritos en la teoría de la cortesía, ya que no quieren evitar la amenaza potencial de ciertos actos de habla y no quieren decir algo positivo sobre el interlocutor. Estas actuaciones corresponden a lo que el autor llama actos anticorteses que, aunque pueden amenazar la identidad del otro, no desembocan en una ofensa hacia el interlocutor y no representan descortesía, sino una actividad *antinormativa* o una estrategia comunicativa propia de un grupo de hablantes determinado (Zimmermann 2003).

De acuerdo con esta idea, puede pensarse que los silencios de los jóvenes, que forman parte de sus estrategias comunicativas cotidianas, responden a veces a parámetros relacionados con la anticortesía y no tanto a actos de habla descorteses; siempre y cuando tengan lugar en contextos en los que la relación de familiaridad y el grado de confianza entre los hablantes sea muy alto. Por ende, en estos casos, los actos silenciosos no tendrían la intención de dañar la imagen del interlocutor. Es más, en la comunidad de hablantes analizada, jóvenes universitarios españoles con lazos de confianza y amistad estrechos, estos comportamientos aparentemente descorteses responden, como decimos, a una estrategia conversacional propia del grupo que causa un efecto social concreto: crear afiliación o cercanía entre el grupo a la par que se busca el distanciamiento de otros grupos de hablantes. Dicho de otro modo, podría considerarse que, entre hablantes con una relación social tan estrecha y en conversaciones prototípicas coloquiales como las recogidas, los silencios no están funcionando como *FTAs*, esto es, como actos de amenaza de la imagen del interlocutor al que van dirigidos. El contexto espontáneo y la relación social de familiaridad son los que posibilitan que estos actos que han sido considerados por la tradición sociopragmática descorteses funcionen de manera diferente en estos intercambios comunicativos (Camargo y Méndez 2013a; Méndez 2013a, 2014a).

En palabras de Bernal (2007: 77), lo descrito aquí podría englobarse dentro de los «comportamientos de descortesía no auténtica con efectos interpersonales positivos», puesto que, más que actos antinormativos hacia el estilo comunicativo propio de los adultos y que se emplean con la finalidad de atacar el sistema, son comportamientos con una finalidad interpersonal positiva que se dan entre jóvenes en un clima de confianza y alta cercanía interpersonal y en contextos informales o espontáneos. Entre los jóvenes, por tanto, el silencio actúa a veces como un mecanismo que, dentro de las normas de su grupo, ni amenaza ni daña la imagen, sino que los caracteriza e identifica además de distanciarlos de otros grupos, reforzando sus relaciones, creando afiliaciones y generando complicidades. En el ejemplo que sigue puede verse una situación en la que el silencio se utiliza como un recurso comunicativo y sin intención de resultar molesto o descortés:

(23) [H0 y H8 son amigos, tienen 25 años. Tema: hablan de los estilismos de los residentes y los veraneantes en Mallorca]

H0: lleva un agujero en la camisa H8// es que menudo ejemplo me has ido a poner

H8: vale

H0: y una chaqueta blanca///**(1)** horrible

H8: horrible/ es verdad///**(1,5)** <u>pero bueno</u>

H0: <u>venga</u> a ver la siguiente que pasa

H8: no/ por favor (risas=H0)// no pero en general// es como: ///**(1,5)**

H0: ya

H8: lo encontraríamos como de:///**(2)** antiguo no:/ no sé///**(1)** de oficina

H0: ya

H8: como de azafata/ yo que sé

H0: sí// ya te entiendo/ ya sé por dónde vas///**(1)** vale pues no/ aquí esto no// por eso te digo que se arreglan más fuera/ <u>si al final me das la razón</u>

H8: <u>no se arreglan más</u>

Por ello, antes de asignar grados o niveles de (des)cortesía al silencio o a cualquier otro fenómeno discursivo, se deberá tener en cuenta quién lo produce, quién lo recibe, dónde tiene lugar dicho acto, etc. Solo de esta manera se podrán llevar a cabo estudios fiables en el plano comunicativo. La idea más extendida es que el silencio necesariamente causará un efecto social (Bravo 1996: 13) en la relación entre los hablantes. Este efecto, que se conocerá a partir del *acto perlocutivo* que provoque la ausencia de habla en el oyente, deberá ser necesariamente tenido en cuenta e indicará si el acto silencioso ha causado daño sobre el destinatario o si ha sido interpretado por este como una actividad normativa dentro del grupo, pertinente y sin efectos descorteses. De esta manera, que un silencio sea (des)cortés o anticortés dependerá del efecto que cause sobre la relación social. Entre los hablantes jóvenes analizados en Camargo y Méndez (2013a) y Méndez (2013a, 2014a), predominan los actos anticorteses sobre los descorteses, pues la finalidad de su uso es principalmente comunicativa y no suponen una amenaza para la imagen.

El principal inconveniente de decir que son los actos perlocutivos o efectos sociales los que nos permitirán saber el valor sociopragmático que dan los oyentes al silencio, como ya apunta Brenes (2009: 149), es que

> siempre quedará la duda acerca de si lo manifestado por los interactuantes proyecta el verdadero impacto que los fragmentos de la conversación efectuaron sobre ellos, ya que la acción evaluativa del receptor puede ser estratégica en dos sentidos. Por un lado, alguien puede sentirse afectado por una expresión descortés, pero, al mismo tiempo, no exteriorizar dicho sentimiento de agravio o, simplemente, fingir no sentirse injuriado para que, de esta manera, el emisor no alcance su objetivo (Arndt y Janney 1987; Mills 2003). Por otro, el receptor puede enfatizar su sentimiento de afrenta con la finalidad de denigrar la imagen del receptor, mostrando que no es una persona considerada hacia los demás.

En el caso del silencio entre los jóvenes este hecho no se producirá muy a menudo, puesto que se sabe que en intercambios entre hablantes con un grado de proximidad y la relación social tan cercana no suelen ocultarse o enmascararse los sentimientos, ni existe tampoco una intención de denigrar la imagen del receptor. También podrían relacionarse estos actos con el *comportamiento diplomático* o *politic behaviour* (Watts 1989) que Meier (1995) prefiere denominar *appropriate behaviour* (*comportamiento apropiado*) y que Kerbrat-Orecchioni (2004) propone llamar *acortesía*. Estos fenómenos han sido definidos como «la ausencia normal de un marcador de cortesía» (Kerbrat-Orecchioni 2004: 49), esperada para una determinada situación comunicativa y que es considerada como adecuada por los participantes en ese contexto concreto.

Barros (2011) los califica como *comportamientos comunicativos no marcados* en el sentido de que son los exigidos por la situación de habla entre esa comunidad de práctica, pues existen situaciones en las que no aparecen marcadores de cortesía, pero ello no indica que el acto sea descortés. Así pues, un mismo comportamiento podrá dar cuenta de categorías diferentes, según las normas propias del grupo de hablantes en que se produzca. No ha de olvidarse que «lo discursivo se encuentra al servicio de lo social» (Briz 2004: 68), por tanto, «la (des)cortesía no se encuentra codificada en el elemento lingüístico en sí mismo, sino que es un efecto social que surge de la confrontación del valor verbal [o no verbal] aportado por dicho elemento y las normas de comportamiento propias de una situación comunicativa» (Brenes 2009: 116). Por consiguiente, si un silencio no crea ningún efecto social en un determinado grupo, no deberá ser considerado descortés, sino que podrá considerarse *acortés*. En cambio, si lo que ocurre es que el silencio es una estrategia discursiva propia del grupo de hablantes, que lo identifica y diferencia de otros grupos, pero que no tiene efectos (des)corteses, podrá considerarse como *anticortés*. En el momento en que el silencio tenga efectos negativos para la relación social, se podría hablar ya de descortesía (Camargo y Méndez 2013a; Méndez 2013a, 2014a).

Capítulo 8
La posición y duración del silencio en español

La posición y duración que tienen los usos lingüísticos incide de forma determinante en el desarrollo de la interacción y en las posibles interpretaciones que extraen los hablantes de ellos. Por ejemplo, la posición del silencio en un acto o enunciado recriminatorio puede agregar connotaciones específicas a la expresión. En este tipo de actos, el silencio podría utilizarse al iniciar la recriminación para hacer una llamada o petición de atención o para reflexionar y medir mejor las palabras que seguirán al silencio. Si aparece en interior de turno, tal vez se utilice estratégicamente para mitigar la fuerza ilocutiva de lo que se está reprochando, rebajar la tensión o como un indicador emocional. Y si aparece al final de turno es más probable que el silencio indique firmeza y reafirmación ante lo dicho o que simplemente marque el final de la intervención y la posibilidad de tomar la palabra por parte del interlocutor.

El ejemplo anterior es una muestra de la importancia que tiene el lugar o posición de los signos en la creación e interpretación de significados. En algunos casos, esta posición incluso puede estar relacionada con funciones pragmáticas específicas, como se ha visto, lo cual facilita la inferencia del significado de estos signos y reduce o elimina la ambigüedad y las interpretaciones múltiples que tienen los signos comunicativos en algunos momentos.

También las relaciones sociales pueden afectar a la posición que ocupan los signos comunicativos en la interacción, ya que reflejan dinámicas de poder o sumisión en determinados momentos de la interacción. Como se sabe, las relaciones sociales se negocian durante los intercambios comunicativos y los hablantes se sirven de distintas estrategias para representarlas. Entre estas estrategias están propiamente los silencios que muchas veces, como se ha visto en el capítulo 6, cumplen funciones sociales y son indicadores de poder y sumisión (§II. Funciones pragmáticas del silencio). En otros casos, el uso del silencio para ciertas funciones está más extendido y son la posición o la duración las que permiten marcar los distintos roles comunicativos.

Las creencias y actitudes lingüísticas que se asocian a los recursos lingüísticos inciden igualmente en su uso (§I. Actitudes lingüísticas hacia el silencio). Ello se ve reflejado del mismo modo en la posición que ocupan ciertos signos lingüísticos y en su duración. En el caso del silencio en español, es más frecuente encontrarlo en interior de turno, y que su presencia esté limitada en la parte inicial o final del enunciado, donde probablemente se perciba más y pueda generar un mayor impacto o una mayor tensión que acaben afectando a la imagen social. También, por ese motivo, suelen registrarse frecuencias muy breves para estos signos en español, de entre 1,3 y 1,7 segundos, especialmente en las mujeres (Méndez 2014a).

El contexto situacional, social y cultural, asimismo, son determinantes a la hora de utilizar los recursos comunicativos en una determinada posición. Las convenciones propias de las situaciones comunicativas y de los grupos de hablantes probablemente son, junto a las convenciones lingüísticas, de las primeras en ser tenidas en cuenta a la hora de interpretar los mensajes. Lo mismo ocurre con la identidad social de cualquier tipo, que tiene un impacto claro sobre la posición de los usos lingüísticos. Los roles sociales marcan lo esperable para un determinado grupo que se refleja en el uso de la lengua. Sus miembros pueden cumplir o no las expectativas que, como decimos, afectan a la posición de los signos, para potenciar dicha identidad u ocultarla. Este tipo de comportamientos determinan los estilos comunicativos de los distintos grupos, ya estén relacionados con la edad como con el género, la etnia, el nivel socioeconómico, la educación, etc.

Probablemente existan, del mismo modo, funciones comunicativas en las que tenga más incidencia la posición que ocupan los signos comunicativos que las expresan. Esto suele ocurrir especialmente con los recursos retóricos que tienen un gran desfase entre el significado literal y la intención comunicativa como, por ejemplo, la ironía y el humor. En el caso del silencio, esta función suele aparecer a final de turno, posición reservada casi exclusivamente a los silencios estructuradores y a esta función discursiva para humorizar e ironizar (Méndez 2014a, 2016a). La posición es igualmente un recurso muy eficaz para la expresión de la emotividad en la comunicación. Este rasgo no solo puede variar el significado del signo, sino que puede otorgar una carga psicológica o emocional adicional al enunciado. El uso del silencio reiterado, en funciones y posiciones donde es poco frecuente encontrarlo en español, puede indicar, por ejemplo, tristeza, cansancio, enfado o, en menor medida, sorpresa.

Relacionado con la expresión de emociones y opiniones, se encuentra precisamente la modalización del lenguaje, estrategia relacionada con las actitudes o valoraciones manifiestas en los mensajes. Se ha demostrado que la modalización del lenguaje afecta también a la posición que presentan ciertos elementos discursivos, cuestión que se verá reflejada en el silencio. El registro, asimismo, también influye en la posición y duración de los signos. El hecho de estar vinculado el acto comunicativo a un registro formal o académico obligará a los hablantes a calibrar mejor el uso que hacen de los signos comunicativos, así como de su duración y de la posición que ocupan.

Las estrategias de cortesía, relacionadas con las convenciones socioculturales mencionadas anteriormente, también inciden sobre la posición de los usos comunicativos. Los hablantes, como es sabido, ajustan sus enunciados para lograr su objetivo, intentando normalmente minimizar el coste para su interlocutor, cuestión que los hace potencialmente más corteses. En esta empresa es imprescindible calibrar de forma adecuada el lugar que deben ocupar los signos comunicativos en la interacción. Esto puede verse claramente, por ejemplo, en los actos de negociación y resolución de conflictos, donde la posición puede determinar la cooperación o no de los participantes, la búsqueda de soluciones y el mantenimiento de la armonía.

Por último, la posición y duración de los usos lingüísticos también puede estar determina por la adaptación o acomodación al receptor o destinatario del mensaje. Los hablantes pueden decidir presentar la información ordenada de una determinada forma para adaptarse a las convenciones lingüísticas y sociales del interlocutor y hacer así su mensaje más relevante e interpretable. Este hecho guarda relación con el posible conocimiento compartido de los hablantes, tanto en lo que a la cultura se refiere como a la información lingüística de la enunciación o base común. El cotexto, que implica la construcción conjunta del significado y la retroalimentación constante entre hablantes, marca también por tanto la posición y duración de los signos.

La duración en la producción de un signo comunicativo se ha relacionado, asimismo, con la velocidad a la que se realiza ese signo, el ritmo de la comunicación y el tiempo que tarda en realizarse. Se sabe que estos aspectos atañen a la comunicación e influyen en la extracción de implicaturas que se hace de los mensajes. Un ritmo rápido puede trasmitir, por ejemplo, un significado de urgencia en algunos momentos o de agitación o impaciencia en otros. Mientras que un ritmo lento puede indicar calma, aburrimiento o cansancio. La duración de los signos lingüísticos, además, afecta a la comprensión y la interpretación del mensaje. Los signos con producciones más breves pueden acabar pasando desapercibidos por los oyentes y, por tanto, pueden incluso no ser atendidos por estos. Eso puede ser lo pretendido en algunos casos por los emisores, pero en otros momentos puede suponer un obstáculo en la comunicación.

Igualmente, la duración de los signos puede ser un recurso a favor de ciertos propósitos o intenciones de los hablantes. Produciendo un signo con una duración breve, podemos pretender tal vez que pase más desapercibido o quizás que no sea interpretado como un acto comunicativo descortés. También podemos ralentizar su producción para enfatizar el signo o para generar expectación entre los destinatarios. Esto podrá afectar, como se ve, al valor sociopragmático que asignen los hablantes a estos elementos comunicativos.

Los signos lingüísticos, por otra parte, pueden tener un tiempo de producción convencionalizado en cada grupo de hablantes. En el caso de algunos signos plurifuncionales como el silencio, dicha duración puede ser un indicio de la función que desempeña en ese contexto y ayudar a desambiguar su significado pragmático. El hecho de que se transgredan dichas convenciones puede implicar un significado para el signo, por tanto, es una información que utilizarán los hablantes durante el proceso inferencial. Y, al igual que ocurre con la posición, la duración de los signos aporta, asimismo, una expresión de estados, sentimientos y emociones. El enfado se puede trasmitir, entre otras formas, con una duración breve de los signos comunicativos. Y la tristeza con una duración prolongada en determinados momentos. Por tanto, la duración también añade una dimensión emocional a los mensajes y ayuda a expresar estados psicológicos de los hablantes. Y de la misma forma puede utilizarse para enfatizar o captar la atención del receptor y resaltar información clave.

Las expectativas de los hablantes vinculadas a las convenciones contextuales en sentido amplio también influirán en la duración de los signos, sus funciones y sus valores comunicativos concretos. Estas duraciones pueden afectar incluso a la retención de la información aportada y al manejo de dicha información en los siguientes momentos de la enunciación. Como decíamos, un signo muy breve y de uso no convencional para el oyente puede no comprenderse o directamente pasar desapercibido, cuestión que llevará a generar un vacío informativo para el destinatario que afecte a la enunciación presente y futura.

I. **LA POSICIÓN DEL SILENCIO EN LA INTERACCIÓN EN ESPAÑOL**

El tratamiento del silencio desde el punto de vista del análisis de la conversación no ha sido suficientemente considerado. Actualmente, la lingüística apenas cuenta con estudios empíricos que describan las funciones estructuradoras del silencio en relación con la posición que ocupan en la interacción. No obstante, algunos estudios conversaciones se han pronunciado sobre ciertos usos estructuradores del silencio en la conversación y han procurado incluir alguna que otra nota o apunte para explicar estas cuestiones.

En una primera aproximación, Sacks *et al.* (1974) relacionaron los actos silenciosos con las reglas de alternancia de turnos. Los autores establecieron tres tipos de silencios según su posición y valor distribucional: *pausa* (dentro de la intervención), *intervalos* (entre turnos) y *lapsos* (entre secuencias). Posteriormente, Gallardo (1993) amplió, matizó y adaptó esta clasificación a la conversación española. A los valores establecidos por Sacks y sus colaboradores, la autora añadió cuatro tipos de pausas o silencios en interior de turno pertenecientes a dos tipos diferentes: (1) *pausas sintácticas* o *pausas de planificación,* según respeten o no la organización sintáctica y (2) *pausas vacías* o *pausas oralizadas* según estén o no oralizadas.

Por su parte, Levinson (1989) ha trabajado en una explicación exhaustiva de los silencios que se producen una vez el hablante finaliza su turno y selecciona a otro participante para que inicie su intervención. A estas ausencias de habla las llama *silencios significativos o atribuibles* y cumplen una de las reglas fundamentales de la conversación: «Regla 1(a): si A selecciona a S durante el turno actual, entonces A debe dejar de hablar y S debe hablar a continuación; la transición entre uno y otro tiene lugar en el primer LPT [*lugar propicio de transición*] después de la selección de S» (Levinson, 1989: 284). Poyatos (1994) ha advertido la existencia de pausas esenciales de la conversación, diferenciadas por su posición, cuya función interactiva es consciente o incontrolada y que son fruto de algún fallo de la actividad interactiva. Entre las ausencias de habla de este tipo, el autor contempla varias posibilidades: *falta de petición de turno, falta de toma de turno, pausa por ofrecimiento de turno, para apertura de turno, prefinal de turno, final de turno, por abandono o cesión de turno, pausa de transición*, entre otras.

Por último, trabajos más recientes han propuesto otras consideraciones para las pausas y silencios según el lugar que ocupan en la comunicación: *pausas facilitadoras* que mejoran la producción y la comprensión del mensaje, *pausas sancionadoras* frecuentes ante actuaciones inapropiadas de otros hablantes y *pausas demarcadoras* como indicadoras de segmentación (Bañón Hernández y Requena Romero, 2010). En Méndez (2014a), a partir de 20 horas de conversaciones, determinamos que más del 75% de los silencios en español se localizan en interior de turno conversacional, casi un 22% se producen a final de turno y cerca de un 3% a inicio de turno. Atendiendo las funciones pragmáticas del silencio, este estudio concluye que los silencios que con mayor frecuencia aparecen a inicio de turno son los estructuradores y los reflexivos. Por su parte, las funciones pragmáticas que predominan en interior de turno son las discursivas, principalmente las intensificadoras o atenuadoras y las argumentativas. Por último, las mayores frecuencias de silencios a final de turno vuelven a ser para los estructuradores, por cesión de turno, cambio de tema y petición de atención o apoyo, los silencios que muestran estados psicológicos o emocionales y los discursivos para humorizar o ironizar, como se ha indicado anteriormente (Méndez 2014a, 2016a).

Igualmente, en Méndez (2014a), se determinó que, aunque tanto hombres como mujeres utilizan el silencio predominantemente en el interior del turno de palabra, son las mujeres las que presentan porcentajes mayores en silencios al final y al inicio de turno, lo que sugiere que, al menos en el grupo estudiado, los hombres presentan de forma más homogénea en el uso del silencio, en cuanto a su posición se refiere. La conclusión fundamental de todo lo anterior es que la posición que ocupa el silencio en la conversación también debe ser tenida en cuenta en los estudios del silencio, pues varía en relación con el sexo de los hablantes, la función pragmática que desempeñen y, como se verá a continuación, incluso con la duración que tengan.

II. La duración del silencio en español

Las ausencias de habla se han clasificado tradicionalmente según su duración. Cestero (2000), por ejemplo, distingue entre *pausas*, inferiores a un segundo, *silencios*, entre 1,2 y 2 segundos, y *lapsos*, superiores a 2 segundos. Desde la perspectiva conversacional, la autora sostiene que las pausas muestran una mayor presencia en los turnos de palabra y que los silencios y los lapsos son menos habituales y pueden relacionarse con fallos en la coordinación o rupturas en el mecanismo de la alternancia de turnos que debe repararse de inmediato. También explica que los silencios de entre 1,2 y 2 segundos que se producen en interior de turno son más frecuentes que los que aparecen al final.

En cuanto a las funciones de estos signos, desde este punto de vista del análisis de la conversación, lo habitual es que los silencios respondan a marcas de finalización de turno no atendidas por las que el hablante se ve obligado a extender su turno (Cestero 2000). En la conversación coloquial, como se ha visto, se han considerado para el silencio al menos cinco funciones estructuradoras distintas: *distribución de turno, marcación de respuesta despreferida, error de coordinación, cambio de tema* (o *dinamizador de la conversación*) y *petición de atención o apoyo,* que están claramente determinadas por la duración que presentan en sus realizaciones (Méndez 2014d) (§II. Funciones pragmáticas del silencio). En este sentido, los estudios realizados hasta la fecha sugieren que existen funciones para las que los hablantes utilizan silencios más largos. Por ejemplo, esto ocurre en la función de cambio de tema, con ausencias de habla superiores a 3 segundos, y en la función de marcador de respuesta despreferida, con silencios de más de 4 segundos en gran parte de sus realizaciones. Por otro lado, los silencios estructuradores más breves, como era de esperar, son los distribuidores de turno que indican cierre de turno y cesión de la palabra. De acuerdo con Cestero (2000), los hablantes cuentan con unos conocimientos generales sobre el funcionamiento de la lengua que les permiten reconocer, en la mayoría de las ocasiones, cuándo ha terminado un hablante de trasmitir su mensaje. De ahí que la señal que indica ese final de turno, si se realiza a través de silencios, no necesite ser muy larga.

Asimismo, se observa que los silencios en interior de turno son los que predominan en las duraciones más breves y los silencios a final de turno en las duraciones más largas. Más concretamente, cabe destacar que los silencios en posición inicial no aparecen en las muestras analizadas en ningún caso con duraciones superiores a 1,5 segundos. También es reseñable el hecho de que los silencios en posición final ocupen los índices más altos de duración. Y, por último, han de señalarse los altos porcentajes de silencios en interior de turno con duraciones de entre 1 y 2,5 segundos, que son, como se ha dicho, las más habituales en los intercambios de los hablantes españoles (Méndez 2014d).

En cuanto al género, se aprecia que las mujeres jóvenes utilizan silencios más largos para expresar ciertas funciones y más cortos para otras. La distribución por funciones de los silencios inferiores a 2 segundos muestra grandes frecuencias para los silencios intensificadores o atenuadores y argumentativos. Los silencios superiores a 2 segundos se ven representados, por su parte, en los silencios distribuidores de turno, por petición de atención o apoyo o por errores de coordinación.

Capítulo 9
Aplicaciones del estudio del silencio y futuras líneas de investigación

A lo largo de los capítulos anteriores se ha visto que el silencio es un signo comunicativo en español que tiene al menos una intención pragmática en los intercambios comunicativos. Su presencia en la lengua es esperable, pues se considera un signo elegible entre todos los que constituyen la red comunicativa multimodal que representa una función. Las convenciones lingüísticas y sociales de los hablantes y sus preferencias individuales son las que facilitarán dichas elecciones. Su producción e interpretación depende, como se sabe, del contexto dinámico y de las implicaturas fuertes o débiles que tenga en cada momento. El carácter cultural y plurifuncional del silencio da muestras de su riqueza comunicativa y su potencial distributivo en el discurso oral. En los casos en los que el silencio representa una función de forma prototípica podrá interpretarse sin grandes dificultades. La variabilidad de este signo afecta tanto a aspectos lingüísticos, como su posición, duración y valor sociopragmático, como a aspecto sociales, como las particularidades de los hablantes y la cultura marco. Todo lo anterior obliga a los hablantes a prestar atención a estos signos durante la interacción y, en algunos momentos, a reconsiderar su significado a medida que aumenta la base discursiva común.

A continuación, se presentan otros contextos en los que el silencio debe ser igualmente considerado y atendido. Dichos contextos se relacionan con situaciones cotidianas para los individuos en las que el silencio igualmente tiene una presencia y repercusión, pero de las que poco se sabe hasta el momento. Por ese motivo, proponemos este capítulo final en el que se va a revisar el lugar que ocupa el silencio en la adquisición de las lenguas, la lingüística clínica, la lingüística forense, la traducción e interpretación, el discurso público y político, el procesamiento del lenguaje natural y la inteligencia artificial. Todo ello con la intención de determinar el conocimiento que se tiene actualmente sobre el fenómeno y proponer algunas posibles líneas de investigación futura.

I. EL SILENCIO EN LA ADQUISICIÓN DE LAS LENGUAS

El silencio, como cualquier signo lingüístico, necesita ser aprendido por los hablantes de las lenguas. Durante la infancia, se van adquiriendo sus usos y funciones lingüísticos a partir de la socialización y la exposición a la lengua materna. El silencio se ha abordado desde la adquisición de la primera lengua como un mecanismo innato del ser humano que se emplea ya en los primeros años de vida. Los niños hasta los dos años lo utilizan con mucha frecuencia, fundamentalmente, ante la falta de recursos comunicativos alternativos. De acuerdo con Calderón (2017), el silencio en los niños tiene más usos de los que probablemente tenga en los adultos. Los niños en su primera infancia expresan mediante el silencio y el llanto la mayor parte de sus mensajes. Y es a lo largo de la socialización cuando se van perdiendo parte de estos usos y se van adquiriendo otros diferentes.

Precisamente es la socialización y la exposición a contextos culturales diferentes lo que explica la diversidad funcional que adquieren los silencios en los adultos en las distintas lenguas y culturas. Este hecho dificulta en ciertos momentos la comunicación intercultural y hace necesario que el silencio deba ser estudiado en la adquisición de segundas lenguas. Desde la enseñanza de idiomas, el silencio se ha entendido en algunos momentos como un recurso elegido por los alumnos durante los primeros estadios de la adquisición de la lengua o durante las sesiones de aprendizaje formal en el centro de estudios. Estas funciones pueden relacionarse con los usos que realizan los niños durante los primeros años de adquisición de la lengua materna. Por ende, se encuentran aquí similitudes entre el proceso de adquisición de la lengua materna y las lenguas extranjeras.

A pesar de que estos usos del silencio son frecuentes en los contextos de aprendizaje, no son los únicos ni los más importantes en lo que al manejo de la lengua extranjera se refiere. El silencio, como se ha visto a lo largo del libro, es un signo comunicativo e intencional, con una alta carga cultural, que se utiliza para trasmitir mensajes. Su aprendizaje en la adquisición de una segunda lengua es imprescindible porque la manera en que se recurre a ellos es particular en cada lengua y cultura.

Desde el *Marco común europeo de referencia para las lenguas: aprendizaje, enseñanza y evaluación*, MCER (Consejo de Europa 2002) y también desde su *volumen complementario* (Consejo de Europa 2021), se hace referencia a la necesidad de enseñar los signos no verbales en el aprendizaje de idiomas. Más concretamente, se alude a la importancia que tienen estos signos y otros, como los gestos, en la comunicación y al uso particular que se hace de ellos en las distintas lenguas europeas. También se indica la necesidad de adquirir los *sonidos extralingüísticos* del habla, así como las cualidades prosódicas, la entonación y una serie de signos proxémicos y cronémicos. Todo ello, dirigido a que el aprendiente de lenguas reconozca sus usos y comprenda sus funciones comunicativas (Consejo de Europa 2002, 2021; Méndez 2014b, 2016c; Alegre 2022).

El *Plan curricular del Instituto Cervantes,* PCIC (Instituto Cervantes 2006), por su parte, solo se refiere a los signos no verbales en el apartado en que recoge los contenidos culturales que han de aprenderse en español. Aquí se hacen algunas menciones a los signos proxémicos y cronémicos, sin embargo, apenas se mencionan el paralenguaje y la quinésica, salvo claras excepciones como al hablar del *material no lingüístico.* Cestero (2007) aborda la problemática proponiendo *motu proprio* un inventario de signos paralingüísticos y quinésicos, que incluye el silencio y que se divide en tres tipos: *usos sociales, usos estructuradores del discurso* y *usos comunicativos.* Dichas funciones pueden incorporarse fácilmente, en palabras de la autora, al apartado de *Pronunciación y prosodia* del PCIC.

A pesar de que, como se ha indicado, existe un reconocimiento curricular del silencio como signo comunicativo sujeto a adquisición en las distintas lenguas, apenas se cuentan todavía con materiales didácticos que permitan su aprendizaje en español. Desde la didáctica de las lenguas se han realizado algunos acercamientos para su enseñanza (Méndez 2014b, 2016c, 2019, 2020), pero estos son claramente insuficientes para conseguir que el silencio cobre la importancia que merece en el aprendizaje de español. Por ello, será necesario que en los próximos años se siga trabajando en descubrir sus funciones comunicativas en distintos contextos y en diseñar técnicas y materiales que faciliten su incorporación al aula de idiomas.

II. El silencio en la lingüística clínica

Se han realizado diferentes aproximaciones al silencio desde la lingüística clínica. Del silencio en estos contextos, se ha dicho, por ejemplo, que es un recurso habitual en la comunicación médico-paciente y que los interlocutores en estas situaciones suelen utilizarlos como forma de expresión (Laín Entralgo 1994; Hernández y López 2006). Poco se sabe, sin embargo, de los valores o significados comunicativos que adquieren estos signos en contextos particulares relacionados con la lingüística clínica y de los indicios diagnósticos que pueden proporcionar, dependiendo del uso que hagan de ellos pacientes con diferentes dolencias. Por ese motivo, es necesario abordar su estudio desde esta perspectiva y explicar sus usos en personas con diagnósticos de diversa índole que vayan desde los trastornos del lenguaje a los traumatismos y otras patologías.

Entre los estudios realizados sobre lingüística clínica del español que abordan de alguna manera el uso del silencio, destaca uno realizado por Gallardo *et al.* (2010) en el que se identifican limitaciones en el uso estratégico del silencio, llamadas *indiscreciones,* en adolescentes con trastorno por déficit de atención/hiperactividad (TDAH). En estos casos, el silencio no se halla en momentos en los que sería esperable. En niños con Síndrome de Down, por otra parte, el silencio se ha interpretado directamente como una señal de mutismo o de incomprensión del mensaje (Angulo y Romero 2020).

El estudio lingüístico de las afasias realizado por Hernández Sacristán (2006) ha sido bastante provechoso en lo relativo a la explicación del silencio. El autor identifica entre los pacientes afásicos la pérdida de capacidad de gestionar la *red unívoca* del lenguaje que acoge los modos verbales y no verbales de la comunicación. Dichos pacientes, así pues, pierden el control perceptivo sobre el medio de expresión y la capacidad para usarlo, cuestión que afecta tanto al uso de las palabras como de los silencios.

Asimismo, los niños con Trastorno del especto autista (TEA) pueden mostrar alteraciones en el uso del silencio entre turnos de palabra que, según Tur (2018), los llevan a no usarlos acorde a las convenciones de la lengua. En casos de sordera o de deficiencia auditiva, el silencio se ha descrito en los niños como su estado comunicativo habitual que les impide comunicarse. De igual modo, es muy alta la frecuencia del silencio en la comunicación en personas esquizofrénicas y muy cortos los periodos de habla en estos pacientes (Kalábová 2009). En todos estos casos, los terapeutas actúan ante el silencio para combatirlo en unos casos o para tratar de buscar estrategias que permitan a los pacientes un uso apropiado del mismo en otros (Aliseido 2018).

El silencio, por ende, se manifiesta de forma particular en individuos con patologías. Por ese motivo es especialmente útil para el terapeuta conocer el uso típico del silencio en cada lengua y el uso particular que hacen de él las personas afectadas por algún trastorno o enfermedad que afecte al lenguaje. Solo así podrán evaluar su uso, determinar si la afección ha influido en la comunicación y tratar de corregirlo en los casos en los que sea posible hacerlo. El análisis del silencio también podrá ser un instrumento que ayude al diagnóstico y que permita avanzar en tratamientos que mejoren la vida de esas personas. En este momento, tenemos constancia de que el manejo del silencio ya se incluye en los tratamientos de niños con Trastorno específico del lenguaje (TEL), a los que con frecuencia se les hace participar en juegos y realizar ejercicios en los que se despliegan las distintas funciones comunicativas del silencio en la interacción (González 2018).

III.   LA INTERPRETACIÓN DEL SILENCIO PARA LA LINGÜÍSTICA FORENSE

La fonética forense se ha preocupado por las pausas y silencios que se producen durante la comunicación (Cicres 2014). Estos recursos, desde dicha perspectiva, son muy inconscientes y por ello difícilmente podrán impostarse, razón por la cual arrojan información muy relevante en el ámbito judicial. De ahí que su comprensión y esclarecimiento sea necesario para los profesionales del sector. La presencia del silencio en los discursos, como es sabido, da indicios sobre la lengua y cultura marco desde la que se utiliza, así como de sus propósitos o intenciones reales de su uso, de las particularidades sociales del emisor, y de su estilo comunicativo o sus preferencias lingüísticas. A través de su uso convencional o la falta de él, es posible determinar si la persona es nativa de la lengua, si es un individuo neurotípico o sufre un trastorno lingüístico o psíquico de algún tipo y qué trastorno sufre. También da pistas sobre su estado de psicológico y emocional en el momento en que se produce el silencio y sobre su sexo, edad, nivel formativo e incluso su ideología.

En contextos judiciales, como decimos, se ha prestado bastante atención al uso del silencio. Kurzon (1995, 1997), por ejemplo, se ha interesado por analizar estos signos en los interrogatorios policiales en los que un sospecho o un testigo son preguntados por el asunto que se está investigando. El autor diferencia dos tipos de silencios en estas situaciones: el *silencio intencionado* y el *silencio no intencionado*. El silencio no intencionado es involuntario y está motivado por causas psicológicas como la vergüenza, la timidez o la necesidad de ocultar la ignorancia, mientras que el silencio intencional es un intento deliberado por parte del destinatario de no cooperar con el interlocutor.

Kurzon llega a la conclusión de que es probable que el silencio intencional se interprete de manera negativa, a pesar del derecho que tiene todo investigado a guardar silencio. Relacionado con esto, el silencio como respuesta de un sospechoso también se ha interpretado como una muestra de resistencia frente al poder institucional (Kurzon, 1995; Forrester y Ramsden, 2001; Newbury y Johnson, 2006; Nakane 2010). De forma similar, Heydon (2005) ha analizado interrogatorios policiales grabados a partir de los que ha demostrado que la policía también tiene sus particulares usos estratégicos del silencio en estas situaciones. Según la autora, el policía o policías a cargo del interrogatorio no pueden tomar la palabra hasta pasado un tiempo prudencial, incluso cuando el sospechoso haya dado señales de haber finalizado su turno de palabra. Este podría considerarse, pues, un uso profesional protocolario del silencio propio del ámbito policial.

En aquellos casos en los que el interrogatorio está mediado por un intérprete, se considera que estos intermediarios pueden llegar a trasmitir el poder del interrogador para presionar al sospechoso a través de su silencio. En este tipo de contextos, existen restricciones importantes para que la policía interprete el testimonio del acusado, pues el intérprete tendrá que decidir cómo reaccionar ante el silencio de un sospechoso, bien ofreciendo una interpretación reparada en caso de un posible problema de comprensión, bien reproduciendo el silencio cuando este sea intencional (Nakane 2010).

Los profesionales judiciales a menudo, como explica Yoshida (2007), sospechan que puede haber algún problema con la traducción del intérprete si no pueden obtener la cooperación del que responde. Este hecho, a su vez, reduce la posibilidad de extraer inferencias directas del silencio del sospechoso. Todos estos aspectos pueden desempeñar un papel importante en los interrogatorios policiales, en particular cuando están mediados por intérpretes. La incriminación policial puede depender en gran medida de las decisiones que toman policías y demás profesionales judiciales en la interpretación del silencio.

Relacionado con lo anterior, en el contexto judicial, se ha analizado también el impacto social que tienen los silencios. Siguiendo a Bernal (2010), el silencio en estas situaciones ha sido interpretado negativamente como una acción de ocultamiento, resistencia y falta de cooperación. La autora, de acuerdo con Kurzon (1995), se refiere a este uso del silencio como un caso de silencio por lealtad hacia un grupo, y pone como ejemplo el silencio que suelen presentar en los procesos judiciales los integrantes de la mafia siciliana para no delatar o inculpar a otra persona de su grupo.

IV. Aplicaciones del silencio a la traducción y la interpretación

El silencio es una estrategia comunicativa común a las lenguas. Por ese motivo, es frecuente que traductores e intérpretes lo encuentren de forma cotidiana en su labor profesional. Estos profesionales suelen ser conscientes de que, a pesar de estar presente en las distintas lenguas, el silencio adquiere diferentes usos en cada lengua y cultura. Por ello, es imprescindible para los traductores e intérpretes familiarizarse con sus usos en las distintas lenguas que manejen.

Desde la traducción, se ha estudiado el silencio como un signo para ocultar o no decir algo. También como un acto de censura o de evitación de un tema tabú. En este sentido, se ha argumentado que el silencio en el contexto profesional de la traducción e interpretación es un aspecto interlingüístico asociado a factores culturales y políticos. Así, el silencio puede estar motivado, por una parte, por el intervencionismo político y, por otra, puede deberse a una cuestión cultural como, por ejemplo, la prohibición que existe en ciertas culturas de nombrar algunas realidades (Mangerel 2014).

La falta de correlación entre significantes y significados en las lenguas también puede suponer un problema en el caso del silencio que afecta claramente a la traducción y la interpretación. Mangerel (2014) se plantea qué hacer ante significados que son expresados mediante palabras en unas lenguas y no se verbalizan en otras. Aquí entra en juego, según la autora, el conocimiento profundo que tenga el intérprete o traductor de las lenguas y sus culturas y de su pericia a la hora de hacer la traducción de una lengua a otra.

Igualmente, en algunas situaciones, el silencio en la traducción puede no provenir de las lenguas en cuestión, sino de la incomprensión o de la falta de conocimientos sobre una de las lenguas, o sobre las dos, por parte del profesional a cargo de la traducción. Ese tipo de silencios, según Sard (2006), genera un nuevo significado en la comunicación que pone de manifiesto la falta de conocimientos o preparación del profesional y que puede generar confusión entre las personas que reciben la interpretación.

Por tanto, de acuerdo con Spahić y Ustamujić (2020), los traductores e intérpretes deben tener en cuenta los silencios cuando realizan su labor. Estos profesionales necesitarán, en primer lugar, conocer los usos convencionalizados del silencio en las distintas lenguas con las que trabajen. Esas convenciones tendrán que hacer referencia tanto a los aspectos lingüísticos de la lengua como a los socioculturales. Igualmente, se deberán tener muy presentes las similitudes y diferencias relativas al silencio existentes entre esas lenguas para poder afrontarlas durante el proceso de traducción/interpretación. También se tendrá que disponer de mecanismos de reparación en momentos en los que se produzcan errores de traducción motivados por el silencio y contar con estrategias ostensivas para hacer notar a los interpretados qué silencios son propios de la interacción con su interlocutor y cuáles se han incorporado como estrategias de reparación.

A lo anterior, añadimos que es necesario afrontar desde estas disciplinas el silencio como elemento plurifuncional. La multiplicidad de significados que normalmente presenta este signo en las distintas lenguas puede poner en aprietos al traductor o al intérprete si no calibra lo suficiente los factores que influyen en la asignación o atribución de significado al silencio. Así, el traductor tendrá que conocer las distintas funciones comunicativas asociadas al silencio en cada lengua y examinar con detalle las convenciones y el contexto particular de realización, sin olvidar el cotexto o base discursiva común.

V. EL SILENCIO PÚBLICO Y EL SILENCIO POLÍTICO

La forma en que las personas hablan y callan, especialmente en contextos públicos y frente a grandes audiencias, ha sido objeto de estudio, entre otras cosas, por ser una muestra de cómo los individuos expresan las actitudes y posiciones ideológicas. Schröter es una de las autoras que más se ha referido al uso del silencio en el discurso político y público. De acuerdo con su planteamiento, desde el siglo xx, se espera que los políticos y las figuras públicas proporcionen un flujo constante de información y tengan una predisposición permanente para la comunicación. En este contexto, el silencio es visto como problemático (Schröter 2013). Este hecho, se ha visto reforzado por los medios de comunicación y los nuevos patrones democráticos que requieren de deliberación pública, transparencia y rendición de cuentas. El periodismo cada vez más crítico suele poner en aprietos a los políticos que guardan silencio o evaden ciertos temas (Bull 2003, 2012, Clayman 2002, 2007).

Schröter explica también que estos factores, muy brevemente esbozados, sugieren una ideología del lenguaje en el discurso público que implica una visión negativa sobre el silencio y el silenciamiento. El silencio es visto como no conducente a la gobernabilidad democrática. En este escenario, los medios masivos sirven como resorte para acelerar e intensificar la comunicación en la esfera pública, aumentando la necesidad y las expectativas de comunicación. El silencio es visto, en consecuencia, como un obstáculo para resolver problemas y superar traumas.

El vínculo establecido entre el uso del lenguaje y la ideología conduce a una mayor conciencia del lenguaje, lo que significa que las personas pueden rendir cuentas por lo que dicen, cómo lo dicen y, en ocasiones, por lo que guardan silencio. Se considera que el discurso constituye y consagra las relaciones de poder en las sociedades, y el silencio se interpreta como un indicador de falta de poder, más que como un medio de resistencia, y como el resultado de silenciar algo.

A pesar del interés que, como se está viendo, suscita el silencio en el discurso público y político, todavía falta emprender estudios para determinar las funciones comunicativas que tiene en este tipo de discursos en español. Resulta muy necesario determinar, entre otras cosas, qué funciones del silencio de las descritas actualmente para el español en contextos informales se producen también en el discurso público y político, qué frecuencias tienen y qué efectos sociopragmáticos provocan. Asimismo, habrá que analizar si existen otras funciones o valores específicas no descritas hasta el momento para el silencio en español que se produzcan en este tipo de situaciones.

VI. EL SILENCIO EN EL PROCESAMIENTO DEL LENGUAJE NATURAL Y EN LA INTELIGENCIA ARTIFICIAL

Resulta igualmente necesario conocer el funcionamiento del silencio en las lenguas para aplicarlo al procesamiento del lenguaje natural. Como se ha visto, el silencio implica una serie de funciones pragmáticas que han de conocer, entender y reproducir las máquinas. Ante un silencio de un consumidor, el teleoperador virtual tiene que saber que se puede deber a la reflexión, pero también a descontento o a la cautela. El conocimiento que pueda tener la máquina sobre el silencio le puede ayudar a comprender mejor la intención del hablante y conseguir un grado más alto de eficacia comunicativa.

En línea con lo anterior, también es importante incorporar el procesamiento del silencio a aquellas máquinas que se utilizan en el diagnóstico y seguimiento de enfermedades o trastornos del lenguaje. Al analizar los usos estratégicos del silencio en el habla de un individuo a través de las máquinas, los profesionales de la salud pueden obtener información sobre la fluidez, el ritmo y la competencia pragmática en la lengua que permita diseñar tratamientos y actuaciones para mejorar la situación de los pacientes. Esas herramientas o pruebas de algún modo también podrían utilizarse en la adquisición de lenguas extranjeras para medir el conocimiento comunicativo de la lengua meta y proporcionar directrices precisas a los estudiantes sobre los usos del silencio que se pueden mejorar.

Por otro lado, el silencio, como se ha visto, es un signo cultural y contextual, lo que lo lleva a presentar diferentes funciones en cada lengua o cultura. Al comprender y tener en cuenta esas diferencias en el uso del silencio en el procesamiento del lenguaje natural, es posible adaptar los sistemas a diferentes contextos lingüísticos y culturales, mejorando así la precisión y relevancia de las respuestas generadas. Del mismo modo, también puede servir para adaptar el habla al estilo personal de los hablantes o a sus particularidades sociales. Al evaluar los silencios de esas personas, los sistemas pueden aprender a comprenderlos y acomodarse a ellos, de forma similar a como lo hacen los hablantes, para usarlos como sus interlocutores, lo cual generaría un trato a la persona mucho más personalizado.

Los silencios también comunican errores o fallos en la comunicación. Por ejemplo, un silencio inusualmente largo o muy corto en un sistema de diálogo automatizado podría indicar un error en la respuesta generada o un fallo en la comprensión de la entrada del usuario. Asimismo, puede tener una aplicación en la mejora de la seguridad y privacidad de los usuarios puesto que, al detectar silencios inusuales en una conversación, la máquina puede identificar posibles interrupciones o escuchas no autorizadas.

Hasta ahora el procesamiento del silencio en el sector tecnológico ha estado muy limitado. Algunas de sus aplicaciones, por ejemplo, las encontramos en sistemas de reconocimiento automático de la voz. En ellos, el silencio ha resultado de utilidad para segmentar el habla en unidades más pequeñas, como palabras o frases, y mejorar la transcripción automática (Odriozola *et al.* 2012). También se han evaluado los silencios para intentar establecer patrones en la toma y cesión de turnos que faciliten la comunicación entre las personas y las máquinas (Chowdhury *et al.* 2017). Sin embargo, su uso en la interacción humano-máquina todavía está poco desarrollado.

Como se ha visto hasta aquí, resulta necesario avanzar en la recepción e interpretación que hacen las máquinas del silencio. Ahora bien, también será importante mejorar en la producción que hacen dichas máquinas de estos signos. Al utilizar silencios adecuados en respuestas generadas por máquinas, se logrará un ritmo más natural en la interacción y una mayor sensación de proximidad con el receptor. Todo esto llevará a las personas a mostrar menos reticencias ante las máquinas y a sentirse más cómodas hablando con ellas. Es muy posible que en los próximos años se vean avances en este sentido y se consiga «humanizar» la tecnología. Para ello, será necesario reconocer el carácter comunicativo del silencio en español, tal y como se ha intentado trasmitir en este libro, y conocer sus usos en profundidad. Este trabajo ha supuesto un acercamiento al silencio en español que esperamos que haya servido para situarlo en el discurso oral y para animar a otros investigadores a avanzar en el conocimiento que se tiene actualmente sobre el silencio en la comunicación.

Referencias bibliográficas

ACUÑA FERREIRA, V. A., *Género y discurso. Las mujeres y los hombres en la interacción conversacional,* Munich, Lincom, 2009.

ALBA DE DIEGO, V., «La cortesía en las peticiones», en *Problemas y métodos de enseñanza de español como lengua extranjera. Actas del IV Congreso Internacional de ASELE,* Sánchez Lobato, J. y Santos Gargallo, I. (eds.), Madrid, SGEL, 1994, pp. 413-426.

ALBELDA MARCO, M., *La intensificación en el español actual,* Valencia, Universitat de València, 2004.

— «Variación sociolingüística en las estrategias de atenuación del corpus PRESEEA-Valencia del sociolecto alto», en *La lengua, lugar de encuentro. Actas del XVI Congreso Internacional de la Asociación de Lingüística y Filología de la América Latina (ALFAL),* Cestero, A. M., Molina, I. y Paredes, F. (eds.), Alcalá de Henares, Servicio de Publicaciones de la U. de Alcalá, 2012, pp. 1897-1906.

ALBELDA MARCO, M. y BRIZ GÓMEZ, A., «Aspectos pragmáticos. Cortesía y atenuantes verbales en las dos orillas a través de muestras orales», en *La lengua española en América: normas y usos actuales,* Aleza Izquierdo, M. y Enguita Utrilla, J. M. (eds.), Valencia, Universitat de València, 2010, pp. 237-260.

ALBELDA MARCO, M. y CESTERO MANCERA, A. M., «De nuevo, sobre los procedimientos de atenuación lingüística», *Español Actual,* 96, 2011, pp. 121-155.

ALISEDO, G., «Sordera infantil y educación. Facótores de riesgo psicosociolingüístico», *Revista Desvalimeinto Psicosocial,* 5, 1, 2018.

ANGULO, M. y ROMERO. D., *Lingüística Clínica: Comprensión de peticiones indirectas en un niño con Síndrome de Down: estudio de caso,* Chile, Universidad de Chile, 2020.

ALEGRE ORTEGA, E., *El aprendizaje significativo e intercomprensivo de la comunicación no verbal en ELE. Propuesta para la enseñanza de los gestos emblemáticos españoles a estudiantes brasileños,* Madrid, Universidad Autónoma de Madrid, 2022.

ANSCOMBRE, J. C. y DUCROT, O. *'Au moins, le lot de consolation'. L'argumentation dans la langue,* Bruselas, Mardaga, 1983.

AUSTIN, J. L., *Cómo hacer cosas con palabras. Palabras y Acciones,* (trad. E. Rabossi), Buenos Aires, Paidós, 1971.

AGYEKUM, K., «The communicative role of silence in Akan», *Pragmatics,* 12, 1, 2002, pp. 31–52.

ÁLVAREZ RODRÍGUEZ, A., «Propiedades nucleares de los fenómenos mentales según Searle: intencionalidad, subjetividad, semanticidad», *Revista de Filosofía,* 27, 2, 2002, pp. 389-417.

ANTÚNEZ PÉREZ, I. «Aproximación al paralenguaje: análisis de casos en Harry Potter and the Philosopher's Stone», *Tonos Digital,* 11, 2006.

ARAYA, C., *La voz del silencio*, Madrid, Siruela, 2008.

ARGYLE, M., *The Psychology of Interpersonal Behaviour*, Harmondsworth, Penguin, 1972.

ARNDT, H. y JANNEY, R., *InterGrammar: Toward an integrative model of verbal, prosodic and kinesic choices in speech*, Berlín, Mouton de Gruyter, 1987.

BARNLUND, D., *Public and private self in Japan and the United States*, Tokio, Simul, 1985.

BAÑÓN HERNÁNDEZ, A. M. y REQUENA ROMERO, S., «Pausa y descortesía en el debate político-electoral», *Español Actual*, 94, 2010, pp. 9-46.

BARROS GARCÍA, M. J., *La cortesía valorizadora en la conversación coloquial española: estudio pragmalingüístico,* Granada, Universidad de Granada, 2011.

BASSO, K. H., «'To give up on words': Silence in Western Apache culture», en *Language and Social Context,* Giglioli, P. P. (ed.), Harmondsworth, Penguin, 1972, pp. 67–86.

BATESON, G. JACKSON, D., HALEY, J. y WEAKLAND, J., «Toward a theory of schizophrenia», *Behavioral Science*, 1, 4, 1956, pp. 251-254.

BENGOECHEA BARTOLOMÉ, M., «El concepto de género en la sociolingüística, o cómo el paradigma de la dominación femenina ha malinterpretado la diferencia», en *Del sexo al género*, Turbet, S. (ed.), Madrid, Cátedra, 2003, pp. 313-359.

BERNAL LINNERSAND, M., *Categorización sociopragmática de la cortesía y de la descortesía: Un estudio de la conversación coloquial española*, Estocolmo, Universidad de Estocolmo, 2007.

— «Descortesía en el contexto judicial: El caso del juicio del 11-M», en *(Des)cortesía en el español*, Orletti, F. y Mariottini, L. (eds.), Roma, Università degli Studi Roma Tre, 2010, p. 599-636.

BRAVO, D., *La risa en el regateo: Estudio sobre el estilo comunicativo de negociadores españoles y suecos,* Estocolmo, Universidad de Estocolmo, 1996.

BRENES PEÑA, M. E., «Los insultos entre los jóvenes: la agresividad verbal como arma para la creación de una identidad grupal», *Interlingüística*, 17, 2007, pp. 200-210.

— *La agresividad verbal y sus mecanismos de expresión en el español actual*, Sevilla, Universidad de Sevilla, 2009.

BROWN, P. y Levinson, S., *Politeness. Some universals in language usage*, Cambridge, Cambridge University Press, 1987.

BRUNEAU, T. J., «Communicative Silences: Forms and Functions», *The Journal of Communications*, 23, 1, 1973, pp. 17-46.

BULL, P., *The microanalysis of political discourse. Claptrap and ambiguity*, London, Routledge, 2003.

CALDERÓN RIVERA, E., «El papel de la dimensión afectiva en la adquisición del lenguaje materno», *Alteridades*, 27, 53, 2017.

CALERO FERNÁNDEZ, M. A., *Percepción social de los sexolectos*, Cádiz, Servicio de Publicaciones de la Universidad de Cádiz, 2007.

CAMARGO FERNÁNDEZ, L. y Méndez Guerrero, B. «Los actos silenciosos en la conversación de los jóvenes españoles: ¿(des)cortesía o 'anticortesía'?», *ELUA*, 27, 2013a, pp. 89-120.

— «Los actos silenciosos en la conversación de las jóvenes españolas. Estudio sociolingüístico», *LinRed*, 11, 2013b, pp. 1-23.

— «Silencio y prototipos: la construcción del significado pragmático de los actos silenciosos en la conversación española», *Diálogo de la Lengua*, 5, 2014a, pp. 33-53.

— «La pragmática del silencio en la conversación en español. Propuesta taxonómica a partir de conversaciones coloquiales», *Sintagma*, 26, 2014b, pp. 103-118.

CARBAUGH, D. y POUTIAINEN, S., «By way of introduction: an American and Finnish dialogue», en Among, M. W. L. y Koester, J. (eds), New York: Longman, 2000, pp. 203–212.

CASTILLA DEL PINO, C., «El silencio en el proceso comunicacional», en *El silencio*, Castilla del Pino, C. (ed.), Madrid, Alianza Editorial, 1992, pp. 79-97.

CLANCY, P., «The acquisition of communicative style in Japanese», en *Language Socialisation Across Cultures*, Schieffelin, B. y Ochs, E. (eds.), Cambridge, Cambridge University Press, 1986, pp. 213-250.

CESTERO MANCERA, A. M., *Comunicación no verbal y enseñanza de lenguas extranjeras*, Madrid, Arco/Libros, 1999.

— *El intercambio de turnos de habla en la conversación,* Alcalá de Henares, Servicio de Publicaciones de la Universidad de Alcalá, 2000.

— «La comunicación no verbal y el estudio de su incidencia en fenómenos discursivos como la ironía», *ELUA*, 20, 2006, pp. 57-77.

— «La comunicación no verbal en el Plan Curricular del Instituto Cervantes. Niveles de Referencia», *Frecuencia L*, 34, 2007, pp. 15-21.

— «Más allá de lo verbal», en *Pragmática*, Escandell, M.V., Amenós, J. y Ahern, A.K. (eds.), Madrid, Akal, 2020, pp. 323-338.

CHOWDHURY, S., STEPANOV, E., MORENA D. y RICCARDI, G. «Functions of Silences towards Information Flow in Spoken Conversation», *Proceedings of the Workshop on Speech-Centric Natural Language Processing*, 2017.

CICRES, J., «Comparación forense de voces mediante el análisis multidimensional de las pausas llenas», *Revista Signos. Estudios de Lingüística*, 47, 86, 2014, pp. 365-384.

CIENKI, A., «Gesture and the question of literal versus non-literal reference», en *The literal and nonliteral in language and thought,* Coulson, S. y Lewandowska-Tomaszczyk, B. (eds.), Frankfurt, Peter Lang, 2005, pp. 281-298.

— «Gestures and grammatical constructions», en *Integrative Processes In Cognitive Linguistics: Papers of International Congress on Cognitive Linguistics*, Romanova, T. V. (ed.), DEKOM Publishing House, 2019, pp. 120-125.

CIFUENTES HONRUBIA, J.L., «Teoría de Prototipos y funcionalidad semántica», *ELUA*, 8, 1992, pp. 133-177.

CLAYMAN, S., «Speaking on behalf of the public in broadcast news interviews», en *Reporting talk. reported speech in interaction*, Holt, E. y Clift, R. (eds.), Cambridge, Cambridge University Press, 2007, pp. 221-243.

COATES, J., *Mujeres, hombres y lenguaje: un acercamiento sociolingüístico a las diferencias de género*, México, Fondo de Cultura Económica, 2009.

CONDE FALCÓN, A. y MACÍAS LÓPEZ, M. B., «Esbozo sobre la naturaleza del silencio-signo», *Cauce*, 1, 1978, pp. 55-78.

CONSEJO DE EUROPA, *Marco Común Europeo de Referencia para las lenguas: aprendizaje, enseñanza y evaluación*, Madrid, Secretaría General Técnica del MEC, Anaya e Instituto Cervantes, 2002.

— *Marco Común Europeo de Referencia para las lenguas: aprendizaje, enseñanza y evaluación. Volumen Complementario,* Madrid, Secretaría General Técnica del Ministerio de Educación y Formación Profesional e Instituto Cervantes, 2021.

CONTRERAS FERNÁNDEZ, J., «Conversational silence and face in two sociocultural contexts», *Pragmatics*, 18, 4, 2008, pp. 707-728.

CRYSTAL, D. y QUIRK, R., *Systems of prosodic and paralinguistic features in English*, The Hague, Mouton, 1964.

COOK, S. W. y TANENHAUS, M. K., «Embodied communication: Speakers' gestures affect listeners' actions», *Cognition,* 113, 2009, pp. 98-104.

CUENCA ORDINYANA, M. J. y HILFERTY, J., *Introducción a la lingüística cognitiva*, Barcelona, Ariel, 1999.

DIK, S. C., *The theory of functional grammar, Part I: The structure of the clause*, Dordrecht, Foris Publications, 1989.

DUBOIS, D., *Sémantique et Cognition. Catégories, prototypes, typicalité*, Paris, CNRS, 1991.

EADES, D. «'I don't think it's an answer to the question': Silencing Aboriginal witnesses in court». *Language in Society*, 29, 2, 2000, pp. 161-195.

ECKERT, P. y MCCONNELL-GINET, S., *Language and gender*, Londres, Cambridge University Press, 2003.

Ekman, P. y Friesen, D., «The repertoire of non-verbal behaviour: categories, origins, usage and coding», En *Non-verbal communication, interaction, and gesture. Selections from Semiotica*, Kendon, A. (ed.), The Hague, Mounton Publishers, 1969, pp. 49-98.

Ellis, A. y Beattie, G., *The Psychology of Language and Communication*, London, Weidenfield and Nicolsen, 1986.

Enfield, N. J., *The anatomy of meaning: Speech, gesture, and composite utterances*, Cambridge, Cambridge University Press, 2009.

Enninger, W. «What interactants do with non-talk across cultures», en *Analyzing Intercultural Communication*, Knapp, K., Enninger, W. y Knapp-Potthoff, A. (eds.), Berlin, Mouton de Gruyter, 1987, pp. 269–302.

Enninger, W. y Raith, J., *An ethnography-of-communication approach to ceremonial situations. A study on communication in institutionalized contexts: the old order amish church service*, Wiesbaden, Steiner, 1982.

Ephratt, M., «The functions of silence», *Journal of Pragmatics*, 40, 2008, pp. 1909-1938.

Escandell Vidal, M. V., *Introducción a la pragmática*, Barcelona, Ariel, 2006.

Farrell, M., «El silencio en la música (Joan Cerveró reflexiona sobre la importancia del silencio en la música)», en *Veintinueve maneras de concebir el silencio*, Farrell, M. E. y Dos, M. (eds.), Castellón, Diputació de Castelló, Servei de Publicacions, 2008, pp. 155-162.

Fauconnier, G. y Turner, M., *The Way We Think*, Nueva York, Basic Books, 2002.

Fernández Ripoll, L. M. y Monterrubio Prieto, J. M. «Los medios de incomunicación», en *Simposio "Didáctica de lenguas y culturas"*, Rodríguez López-Vázquez, A. (ed.), La Coruña, Servicio de Publicaciones Universidade da Coruña, 1993, pp. 443-455.

Forrester, M. A. y Ramsden, C. A., «Discursive ethnomethodology: analysing power and resistance in talk Psychology», Crime & Law, 6, 2001, pp. 281-304.

Gallardo Paúls, B., «La transición entre turnos conversacionales: silencios, solapamientos e interrupciones», *Contextos*, 11, 21-22, 1993, pp.189-220.

— «Categorías inferenciales en pragmática clínica», *Revista de neurología*, 41, 1, 2005, pp. 65-71.

Gallardo Paúls B, Gimeno Martínez M y Moreno Campos V. «Pragmática textual en adolescene tes con trastorno por déficit de atención/ hiperactividad: argumentación», *Rev Neurol*, 50, 2010, pp. 113-117.

García García, M., *La competencia conversacional en español como lengua extranjera: Análisis y enfoque didáctico*, Alcalá de Henares, Servicio de Publicaciones de la Universidad de Alcalá, 2014.

García Mouton, P., *Así hablan las mujeres: curiosidades y tópicos del uso femenino del lenguaje*, Madrid, Esfera de los Libros, 2003.

Giles, H., Coupland, N. y Wiemann, J. «'Talk is cheap' but 'My word is my bond': beliefs about talk», En *Sociolinguistics Today: Eastern and Western perspectives*, Bolton, K. y Kwok, H. (eds.), London, Routledge, 1991, pp. 218–243.

Girbau-Massana, M. D., *Psicología de la comunicación*, Barcelona, Ariel, 2002.

González Blanca, L., «Trastorno específico del lenguaje (TEL): concepto y características», *Revista Internacional de apoyo a la inclusión, logopedia, sociedad y multiculturalidad*, 4, 4, 2018, pp. 166-174.

Grice, H. P. «Logic and Conversation», en *Syntax and Semantics, Vol. 3, Speech Acts*, Cole, P. y Morgan, J. L. (eds.), New York, Academic Press, 1975, pp. 41-58.

Grijelmo García, A., *La información del silencio*, Madrid, Taurus, 2012.

Goffman, E., *Interaction ritual: essays in face-to-face behaviour*, Chicago, Aldina Pub. Co, 1967.

Gregori-Signes, C. «What do we laugh at? Gender representations in '3rdRock from the Sun'», en *International perspectives on gender and language*, Santaemilia, J. et al. (eds.), Valen cia, Departament de Filologia Anglesa i Alemanya de València, 2007, pp. 726-750.

GROENENDIJK, J. A. G., STOKHOF, M. J. B. y VELTMAN, F. J. M. M. «Coreference and modality» en *Handbook of Contemporary Semantic Theory*, Lappin, S. (ed.), Oxford, Blackwell, 1996, pp. 179-213.

GROENENDIJK, J. y M. STOKHOF: «Dynamic Montañgue Grammar», en *Actas del Segundo Simposio sobre Lógica y Lenguaje,* G. Kfilmfin et al. (eds.), Budapest, 1990.

GUTIÉRREZ ORDÓÑEZ, S., *De pragmática y semántica*, Madrid, Arco/Libros, 2002.

HALL, E. T., *The silent language*, Garden City, Doubleday and Company, 1959.

HABETS, B., KITA, S., SHAO, Z., ÖZYUREK, A., y HAGOORT, P., «The role of synchrony and ambiguity in speech–gesture integration during comprehension», *Journal of Cognitive*, 2011.

HARUMI, S., *The Use of Silence by Japanese Learners of English in Cross-Cultural Communication and its Pedagogical Implications*, London, Institute of Education, University of London, 1999.

HAVERKATE, H., *La cortesía verbal. Estudio pragv malingüístico*, Madrid, Gredos, 1994.

HAYAKAWA, S. I., *Language in thought and action*, Londres, Allen & Unwin, 1952.

HEIM, I., «Presupposition Projection and the Semantics of Attitude Verbs», *Journal of Semantics*, 9, 1992, pp. 183-221.

HERNÁNDEZ SACRISTÁN, C., *Culturas y acción comunicativa. Introducción a la pragmática intercultural*, Barcelona, Octaedro, 1999.

— «Decir y callar: apuntes para una antropología lingüística», *Archivo de filología aragonesa*, 59-60, 1, 2002-2004, pp. 541-554.

— *Inhibición y lenguaje. A propósito de la afasia y la experiencia del decir*, Madrid, Biblioteca Nueva, 2006.

HERNÁNDEZ SÁNCHEZ, E. y LÓPEZ MARTÍNEZ, M., «La no-comunicación en la interacción médico-paciente», en *I Congreso Nacional de Lingüística Clínica, vol. 3*, Gallardo, B., Moreno, V., Hernández, C., 2006, pp. 83-95.

HEYDON, G., *The Language of Police Interviewing*, Palgrave Macmillan, Houndmills, 2005.

IBARRETXE, I. y VALENZUELA, J., *Lenguaje y cognición*, Madrid, Síntesis, 2021.

INSTITUTO CERVANTES, *Plan Curricular del Instituto Cervantes. Niveles de referencia para el español*, Madrid, Instituto Cervantes, 2006.

JAWORSKI, A., *The power of silence. Social and pragmatic perspectives*, Newbury Park, SAGE, 1993.

— (ed.) *Silence. Interdisciplinary perspectives*, Berlin-New York, Mouton de Gruyter, 1997.

JEFFERSON, G. «Preliminary notes on a possible metƚric which provides for a 'standard maximum' silence of approximately one second in conversation», en *Conversation: An interdisciplinary perspective*, Roger, D. y Bull, P. (eds.), Clevedon, Multilingual Matters, 1989, pp. 166-196.

JENSEN, J. V., *Communicative functions of silence*, Harmondsworth, ETC, 1973.

JIA, Y., «A Relevance-theoretic Analysis of Conversational Silence», *Theory and Practice in Language Studies*, 3, 11, 2013, pp. 2046-2051.

JOHANNESEN, R. L., «The Functions of Silence: A Plea for Communication Research», *Western Speech*, 38, 1974, pp. 25-35.

KALÁBOVÁ, M., *Los trastornos del lenguaje y la comunicación lingüística*, República Checa, Masarykova univerzita, 2009.

KAMP, H., «A theory of truth and discourse repƀresentation», en *Formal methods in the study of language,* Groenendijk, J et at. (eds.), Mathematical Centre Tracts 135, 1981.

KAMP, H. y REYLE, U., *From Discourse to Logic*, Kluwer, Dordrecht, 1993.

KAUL DE MARLANGEON, S. B. «Tipología del comporƀtamiento verbal descortés en español, en cortesía y conversación: de lo escrito a lo oral», En *Cortesía y conversación: de lo escrito a lo oral: Actas del III Coloquio Internacional del Programa EDICE*, Briz, A., Hidalgo, A., Albelda, M., Contreras. J., y Hernández, N. (eds.), Valencia/Estocolmo: Universitat de València/Programa EDICE, 2008, pp. 254-266.

KENDON, A., *Gesture: Visible action as utterance*, Cambridge, Cambridge University Press, 2004.

KERBRAT-ORECCHIONI, C., «¿Es universal la cortea sía?», en *Pragmática sociocultural: estudios sobre el discurso de cortesía en español,* Bravo, D. y Briz, A. (eds.), Barcelona, Ariel, 2004, pp. 39-54.

KITA, S., «How representational gestures help speaking», en *Language and gesture,* McNeill, D. (ed.), Cambridge, Cambridge University Press, 2000, pp. 162-185.

KOK, K., BERGMANN, K., CIENKI, A., KOPP, S. «Mapping out the multifunctionality of speakers' gestures», *Gesture,* 15, 2016.

KLEIBER, G., *La semántica de los prototipos. Categoría y sentido léxico,* Madrid, Visor, 1995.

KNAPP, M. L., *Essentials of Nonverbal Communication,* Chicago, Holt, Rinehart and Winston, 1980.

KNAPP, K., «Metaphorical and interactional uses of silence», *EESE: Erfurt Electronic Studies in English,* 7, 2000.

KURZON, D., «The right of silence», *Journal of Pragmatics,* 23, 1995, pp. 55-69.

— *Discourse of silence,* Amsterdam, John Benjamins, 1997.

— «Towards a typology of silence», *Journal of Pragmatics,* 39, 2007, pp. 1663-1688.

LAÍN ENTRALGO, P., «Hablar y callar. Lección ine augural de apertura de curso académico», BRAE, 1994, pp. 453-465.

LAKOFF, G., *Women, fire and dangerous things: What categories reveal about the mind,* Chicago, University of Chicago Press, 1987.

LEECH, G., *Principles of pragmatics,* Londres, Longman, 1983.

— «Introducing Corpus Annotation», en *Corpus Annotation,* Garside, R., Leech, G. y McEnery, T. (eds.), London/New York: Longman, 1997, pp. 1-18.

LEHTONEN, J., *The role of national stereotypes in intercultural communication,* Finlandia, University of Jyäskylä, 1995.

LEHTONEN, J. y SARAJAVAA, K., «The silent Finn», en Perspectives on silence, Tannen, D. y Saville- Troike, M. (eds.), Norwood, Ablex Publishing Corporation, 1985, pp. 193-201.

LEVINSON, S. C., *Presumptive Meanings: The Theory of Generalized Conversational Implicature,* Cambridge, Massachusetts & London, MIT Press, 2000.

LOZANO DOMINGO, I. *Lenguaje femenino, lenguaje masculino. ¿Condiciona nuestro sexo la forma de hablar?,* Madrid, Minerva, 1995.

MAYOR ZARAGOZA, F., *Delito de silencio: ha llegado el momento. Es tiempo de acción,* Barcelona, Comanegra, 2011.

Mangerel, C., «The power of silence in interlinguistic and intersemiotic translation», *New semiotics. Between Tradition and Innovation,* 2014, pp. 1162-1170.

Martín Rojo, L., «Lenguaje y género. Descripción y explicación de la diferencia», *Revista Signos. Teoría y práctica de la educación,* 16, 1996, pp. 6-17.

— *Constructing inequality in multilingual classrooms,* New York, Mouton de Gruyter, 2010.

MARTOS RAMOS, J. J., «La búsqueda del prototipo: reflexiones sobre los parámetros de categorización», *Revista de Filología Alemana,* 18, 2010, pp. 247-259.

MATEU SERRA, R. M., *El lugar del silencio en el proceso de la comunicación,* Lleida, Universitat de Lleida, 2001.

McNEILL, D., *Hand and mind: What Gestures Reveal about Thought,* Chicago, University Press, 1992.

McNEILL, D. y DUNCAN. S. D., «Growth points in thinking-for-speaking», en *Language and gesture,* McNeill, D. (ed.), Cambridge: Cambridge University Press, 2000, pp. 141-161.

MARTINEC, R., «Gestures that co-occur with speech as a systematic resource: The realization of experiential meanings in indexes», *Social Semiotics,* 14, 2, 2004, pp. 193-213.

MEIER, A. J., «Passages of politeness», *Journal of Pragmatics,* 24, 1995, pp. 381-392.

MÉNDEZ GUERRERO, B., *¿Quien calla otorga? Funciones del silencio y su relación con la variable género,* Palma, Biblioteca Digital de la Universitat de les Illes Balears, 2011.

— «El silencio a examen: ¿son descorteses o "anticorteses" nuestros silencios?», En *Jóvenes aportaciones a la investigación lingüística,*

González Sanz, M. *et al.* (eds.), Sevilla, Alvar, 2013a.

— «El silencio en la conversación española. Reflexiones teórico-metodológicas», *Estudios Interlingüísticos*, 1, 2013b, pp. 67-86.

— *Los actos silenciosos en la conversación en español. Estudio pragmático y sociolingüístico*, Palma: Universitat de les Illes Balears, 2014a.

— «¡Mira quién calla! La didáctica del silencio en el aula de ELE», *RILE: Revista Internacional de Lenguas Extranjeras*, 3, Suplemento, 2014b.

— «Actitudes hacia el silencio de los jóvenes españoles. Estudio a partir de un test de hábitos sociales», en *Lingüística teórica y aplicada*, Celayeta, N., Jiménez, F., Lucas, A. de, Iraceburu, M. e Izquierdo, D. (eds.), Frankfurt, Peter Lang, 2014c, pp. 153-172.

— «Principios estructuradores del silencio en la conversación española», *Estudios interlingüísticos*, 2, 2014d, 87-105.

— «Corpus Oral Juvenil del Español de Mallorca (COJEM)», LinRed, 13, 2015a, pp. 1-286.

— «El uso estratégico del silencio en conversaciones de mujeres: ¿reafirmación o transgresión del feminolecto?», en *Estudios de pragmática y traducción*, S. Izquierdo Zaragoza (ed.), Murcia. Editum. Ediciones de la Universidad de Murcia, 2015b, pp. 230-250.

— «Funciones comunicativas del silencio: variación social y cultural», *LinRed*, 13, 2016a, pp. 1-22.

— «La interpretación del silencio en la interacción», *Pragmalingüística,* 24, 2016b, 169-186.

— «El componente no verbal en el aula de ELE: Consideraciones para su aprendizaje significativo e intercultural a partir de WebQuest», *Revista Nebrija de Lingüística Aplicada*, 8, 2016c, 1-14.

— «Silencio, género e identidad: actitudes de los jóvenes universitarios españoles ante los actos silenciosos en la conversación», *Revista de Filología de la Universidad de la Laguna*, 35, 2017, pp. 207-229.

— «Las WebQuest como recurso para la enseñanza de la comunicación no verbal en el aula de ELE», *Tonos Digital,* 36, 1, 2019.

— «Metodología para el uso de las WebQuest en la enseñanza de ELE», *RAEL* 19, 2, 2020, pp- 24-47.

— «El silencio en la oralidad», en *Lingüística de la ausencia*, López García, F. (ed.), Berlín, Peter Lang, 2023, pp. 173-195.

MÉNDEZ GUERRERO, B. y CAMARGO FERNÁNDEZ, L., «Los actos silenciosos en la conversación española: condicionantes, realizaciones y efectos», *Círculo de Lingüística Aplicada a la Comunicación,* 64, 2015a, pp. 6-31.

— «Larga ausencia del silencio en la historia de la lingüística hispánica», *Estudios de Lingüística del Español,* 36, 2015b, pp. 431-447.

— «The use of silence in conversation among women in Spanish: an expression of feminolect?», *Languages*, en prensa.

MILLS, S., *Gender and politeness*, Londres, Cambridge University Press, 2003.

MOLINA MARTOS, I., «Procesos de acomodación lingüística de la inmigración latinoamericana en Madrid», *Lengua y Migración*, 2, 2, 2010, pp. 27-48.

MOESCHLER, J., *Argumentation et conversation. Éléments pour une analyse pragmatique du discours*, Paris, Hatier, 1985.

MOORE, B., «Australian English and indigenous voices», en *English in Australia*, Blair, D. y Collins, P. (eds.), Amsterdam/Philadelphia: John Benjamins Publishing CO, 2000, pp. 133–149.

MORENO CABRERA, J. C., *Curso universitario de Lingüística general II: Semántica, pragmática, morfología y fonología*, Madrid, Síntesis, 1994.

MOURE PEREIRO, T., «La teoría de prototipos y su aplicación en gramática», *Contextos*, 12, 23-24, 1994, pp. 167-219.

MÜLLER, C., «Gestures as a medium of expression: The linguistic potential of gestures», en *Body – language – communication: An international handbook on multimodality in human interaction, Vol. 1*, Müller, C., *et al.* (eds.), Berlín, Mouton de Gruyter, 2013, pp. 202–217.

MUNTIGL, P. «Modelling multiple semiotic systems: The case of gesture and speech», en *Perspectives on multimodality*, Ventola, E., Cassily, C., y Kaltenbacher, M. (eds.), Amsterdam, John Benjamins, 2004, pp. 31-49.

NAKANE, I., *Silence in the multicultural classroom: perceptions and performance*, Amsterdam, John Benjamins, 2007.

— «The role of silence in interpreted pólice interviews», *Journal of Pragmatics*, 43, 2010, pp. 2317-2330.

NEWBURY, P. y JOHNSON, A., «Suspects' resistance to constraining and coercive questioning strategies in the police interview», *The International Journal of Speech, Language and the Law*, 13, 2, 2006, pp. 213-240.

ODRIOZOLA, I., JOKISCH, O., HERNÁEZ, I., y HOFFMANN, R., «Diseño y desarrollo de un sistema de evaluación automática de la pronunciación para el euskara», *Procesamiento del Lenguaje Natural*, 49, 2012, pp. 101-107.

PADILLA GARCÍA, X. A. y ALVARADO ORTEGA, B., «Being polite through Irony», en Koike, D. A. y Rodríguez-Alfaro, L. (eds.), *Dialogue in Spanish. Studies in functions and contexts*, Amsterdam/Philadelphia: John Benjamins, 2010, pp. 55-68.

PAGÁN CÁNOVAS C., VALENZUELA J., ALCARAZ CARRIÓN D., Olza I., Ramscar M., «Cuantificación de la relación habla-gesto con conjuntos de datos multimodales masivos: Informatividad en expresiones temporales», *PLoS ONE*, 15, 6, 2020.

PANNIKKAR, R., *El silencio del Buddha. Una introducción al ateísmo religioso*, Madrid, Siruela, 1997.

PHILIPS, S. U., «Participant structures and communicative competence: Warm Springs children in community and classroom», en Cazden, *Functions of Language in the Classroom*, C. B., John, V. P. y Hymes, D. (eds.), Prospect Heights, IL, Waveland Press, 1972, pp. 370-394.

PILLEUX, M., «Análisis lingüístico del acto de habla de mentir», *Documentos lingüísticos y literarios UACh*, 22, 1999, pp. 55-60.

PONS BORDERÍA, S., *Conceptos y aplicaciones de la teoría de la relevancia*, Madrid, Arco/Libros, 2004.

PORTNER, P., *Modality*, Oxford, Oxford University Press, 2009.

PORTOLÉS LÁZARO, J., «Censura y pragmática lingüística», CLAC: Círculo de lingüística aplicada a la comunicación, Madrid, 38, 2009, pp. 60-82.

— *La censura de la palabra. Estudio de pragmática y análisis del discurso*, Valencia, Publicaciones de Universitat de València, 2016.

POYATOS, F. *La comunicación no verbal*, Madrid, Istmo, 1994.

— «Los estudios de comunicación no verbal como rama interdisciplinar de la lingüística», *LinRed* XVI, 2018.

RAMÍREZ, J. L., «El significado del silencio y el silencio del significado», en *El silencio*, Castilla del Pino (ed.), Madrid, Alianza Universidad, 1992, pp. 15-45.

REISMAN, K., «Contrapuntal conversations in an Antiguan village», en *Explorations in the Ethnography of Speaking*, Bauman, R. y Sherzer, J. (eds.), Cambridge, Cambridge University Press, 1974, pp. 110–124.

REYES, G., *La pragmática lingüística*, Barcelona, Editorial Montesinos, 1999.

— *El abecé de la pragmática*, Madrid, Arco/Libros, 2000.

— *Metapragmática: lenguaje sobre lenguaje, ficciones, figuras*, Valladolid, Secretariado de Publicaciones e Intercambio Editorial, Universidad de Valladolid, 2002.

RIVAS RODRÍGUEZ, A., «'Que dicimos cando non falamos?" O silencio na comunicación», *Madrygal,* 12, 2009, pp. 99-107.

ROSCH, E., «Natural Categories», *Cognitive Psychology*, 4, 1973, pp. 328-350.

ROSCH, E. y MERVIS, C., «Family Resemblances: Studies in the Internal Structure of Categories», *Cognitive Psychology*, 7, 1975, pp. 573-605.

RUIZ GURILLO, L., «¿Cómo se gestiona la ironía en la conversación?», *Rilce*, 25, 2, 2009, pp. 363-377.

SACKS, H., SCHEGLOFF, E. A. y JEFFERSON, G., «A simplest systematics for the organization of turn-taking for conversation», *Language*, 50, 1974, pp. 696-735.

SAJAVAARA, K. y LEHTONEN, J. «The silent Finn revisited», en *Silence: Interdisciplinary perspective*, Jaworski, A. (ed.), Berlin, Mouton de Gruyter, 1997, pp. 263-283.

SANDOVAL, R. «Gestures in native Northern America: Bimodal talk in Arapaho», en *Body – Language – Communication: An International Handbook on Multimodality in Human Interaction, Vol 2*, Müller, C. *et al.* (eds.), Berlin, Mouton, 2014, pp. 1215-1226.

SAUNDERS, G. R., «Silence and noise as emotion management styles: An Italian case», en *Perspectives on silence*, Tannen, D. y Saville-Troike, M. (eds.), Norwood, Ablex Publishing Corporation, 1985, pp. 165-183.

TUR JUAN, J. M., *Dimensiones pragmáticas en el síndrome de Asperger: una aplicación de la lingüística clínica*, Madrid, UNED, 2018.

SAUSSURE, F., *Curso De Lingüística General*, Buenos Aires, Losada, 1970.

SAVILLE-TROIKE, M. «The place of silence in an integrated theory of communication», en *Perspectives on silence*, Tannen, D. y Saville-Troike, M. (eds.), Norwood, Ablex Publishing Corporation, 1985, pp. 3-18.

SCHOONJANS, S., «Is gesture subject to grammaticalization?», *Papers of the Linguistic Society of Belgium*, 8, 2014.

SCHRÖTER, M., *Silence and concealment in political discourse. Discourse Approaches to Politics, Society and Culture*, Amsterdam/Philadelphia, John Benjamins Publishing CO, 2013.

SCOLLON, R. «The machine stops: Silence in the metaphor of malfunction», en *Perspectives on silence*, Tannen, D. y Saville-Troike, M. (eds.), Norwood, Ablex Publishing Corporation, 1985, pp. 21-30.

SCOLLON, R. y Scollon, S., *Intercultural communication: a discourse approach*, Londres, Cambridge Mass, 1995.

SEARLE, J., *Actos de habla*, Madrid, Cátedra, 1980.

— *Mente, lenguaje y sociedad la filosofía en el mundo real*, Madrid, Alianza, 2001.

SERRANO MONTESINOS, M. J. «El rol de la variable sexo o género en sociolingüística: ¿diferencia, dominio o interacción?», *Boletín de Filología*, 43, 2008, pp. 175-192.

SMITH, H. L., *The Communication Situation*, Washington, US Department of State, Foreign Service Institute, 1953.

SIFIANOU, M. «Silence and politeness», en *Silence. Interdisciplinary perspectives,* Jaworsky, A. (ed.), Berlin/New York, Mouton de Gruyter, 1997, pp. 63-84.

SPERBER, D. y Wilson, D., *Relevance: Communication and Cognition*, Blackwell, Oxford, 1986.

SPAHIĆ, E. y USTAMUJIĆ I., «Nuevas tendencias en traducción e interpretación en España: la traducción y la interpretación institucional y la traducción y la interpretación en zonas de conflicto», *Annual Review of the Faculty of Philosophy, Novi Sad*, XLV-4, 2020.

SPENDER, D., *Man Made Language*, London, Routledge, 1980.

SOBKOWIAK, W., «Silence and markedness theory», en *Silence. Interdisciplinary perspectives,* Jaworsky, A. (ed.), Berlin/New York, Mouton de Gruyter, 1997, pp. 36-61.

STALNAKER, R. C., «Assertion», en *Pragmatics (Syntax and semantics, Vol. 9)*, Cole, P. (ed.), London, Academic Press, 1978, pp. 315-332.

STREECK. J,. *Gesture craft: The manufacture of meaning*, Amsterdam, John Benjamins, 2009.

TANNEN, D., «Silence: Anything but», en *Perspectives on silence*, Tannen, D. y Saville-Troike, M. (eds.), Norwood, Ablex Publishing Corporation, 1985, pp 93–111.

— *You Just don't understand. Women and men in conversation*, New York, Morrow, 1990.

— «The relativity of linguistic strategies: Rethinking power and solidarity in gender and dominance», en *Gender and conversational interaction*, Tannen, D. (ed.). Oxford, Oxford University Press, 1993, pp. 165-188.

TERRÓN BLANCO, J. M., *El silencio radiofónico*, Barcelona, Universitat Autònoma de Barcelona, 1992.

VAINIOMÄKI, T. K., «Silence as a Cultural Sign», *Semiotica*, 150, 1, 2004, pp. 347-361.

VALLEJO ZAPATA, V. J., «El reproche y el silencio vistos a la luz de la teoría de la cortesía: análisis pragmalingüístico de 'Diatriba de amor contra un hombre sentado' de Gabriel García Márquez», *Íkala*, 16, 29, 2011, pp. 45-65.

VERSCHUEREN, J., *Understanding Pragmatics*, London, Arnold, 1999.

VIVAS MÁRQUEZ, J., *El relativismo cultural del silencio. Una propuesta para el aula de ELE desde la pragmática intercultural*, Salamanca, Universidad de Salamanca, 2011.

WATTS, R. J. «Relevance and relational work: linguistic politeness as politic behaviour», *Multilingua*, 8, 1989, pp. 131–166.

— «Silence and the acquisition of status in verbal interaction», en *Silence. Interdisciplinary perspectives*, Jaworsky, A. (ed.), Berlin/New York, Mouton de Gruyter, 1997, pp. 87–115.

WILCOX, S., «Cognitive iconicity: Conceptual spaca es, meaning, and gesture in signed language», *Cognitive linguistics*, 15, 2 2004, pp- 119-148.

WITTGENSTEIN, L., *Tractatus Logico-philosophicus*, Madrid, Alianza Universidad, 1987.

YOSHIDA, R. *Structure of courtroom language and interpreting. Paper given at the 2nd seminar series, The Japan Society for Language and Law*, Tokyo, Japan, 2007.

ZIMMERMANN, K., «Constitución de la identidad y anticortesía verbal entre jóvenes masculinos hablantes de español», en *La perspectiva no etnocéntrica de la cortesía: Identidad sociocultural de las comunidades hispanohablantes. Actas del Primer Coloquio del Programa EDICE*, Bravo, D. (ed.), Estocolmo, Universidad de Estocolmo, 2003, pp. 47-59.

colección

INTERLINGUA

Director: PEDRO SAN GINÉS AGUILAR • ANA BELÉN MARTÍNEZ LÓPEZ